AF144852

**Waltraud Maschmann**

# ENDLOS
## die wahre Geschichte einer Liebe zwischen den Welten

novum pocket

Bibliografische Information der Deutschen Nationalbibliothek:

Die Deutsche Nationalbibliothek verzeichnet diese Publikation in der Deutschen Nationalbibliografie. Detaillierte bibliografische Daten sind im Internet über http://www.dnb.de abrufbar.

Gedruckt in der Europäischen Union auf umweltfreundlichem, chlor- und säurefrei gebleichtem Papier.

© 2024 novum Verlag

ISBN 978-3-903468-50-4
Umschlagfotos:
Vitalinar | Dreamstime.com,
Waltraud Maschmann
Umschlaggestaltung, Layout & Satz:
novum Verlag
Innenabbildungen:
Waltraud Maschmann

Die vom Autor zur Verfügung gestellten Abbildungen wurden in der bestmöglichen Qualität gedruckt.

**www.novumverlag.com**

Druckprodukt mit finanziellem
**Klimabeitrag**
ClimatePartner.com/16547-2311-1001

*Der einzige Sinn des Lebens ist die Liebe.*
*Darum sind wir hier.*


Für meinen Mann in Liebe

Du bist bei mir in jeder Minute, in jeder Stunde,
jeden Tag, bei jedem Atemzug, jedem Herzschlag,
in jeder Faser, in jedem Wort, bei jedem Schritt
bist du bei mir.

# Inhaltsverzeichnis

# Das Buch

Mein Mann war gestorben, ich war allein und hatte auf einmal viel Zeit zum Nachdenken. Da waren so viele Fragen und keine Antworten. Wie ist es, wenn man stirbt? Was empfindet man dabei? Und vor allem, was geschieht danach?

Ich fing an, alles aufzuschreiben, meine Gefühle, meine Erlebnisse, meine Gedanken, meine Fragen.

Ich schrieb Briefe an meinen Mann, obwohl ich mir sicher war, dass er sie nicht lesen konnte.

Den ersten Brief habe ich ihm in den Sarg gelegt, er hatte auch seinen Ehering am Finger.

Ich weiß nicht, warum, aber es fühlte sich einfach richtig an.

Trauersprüche, die mir gefielen, schrieb ich auf.

Meine Zettelsammlung wuchs und irgendwann schrieb ich alles in eine Kladde.

Aber mir kam nie die Idee, aus meinen Notizen ein Buch zu machen.

Die geistige Welt hatte andere Pläne mit mir. Sie schickte mir auf Amazon jede Menge Buchvorschläge, und seltsamerweise wusste ich immer, welche Bücher ich bestellen und lesen sollte. Parallel dazu geschah aber noch viel mehr: mein Mann schickte mir Träume und Zeichen, und auch da wusste ich genau, dass sie von ihm kamen. Ich hatte nie Zweifel.

Ich las und las, mein Wissen wuchs und damit auch der Wunsch, immer mehr zu erfahren.

Ein halbes Jahr nach dem Tod meines Mannes hatte ich den ersten Jenseitskontakt bei einem Jenseitsmedium. Die Kontaktdaten fand ich im Internet. Es fühlte sich einfach richtig an, auf diese Weise mit meinem Mann sprechen zu können. Auch da hatte ich nie die geringsten Zweifel. Es folgten weitere Kontakte, weil ich immer mehr Fragen an meinen Mann hatte und weil es jedes Mal so wunderbar war. Ich fühlte mich danach wie auf Wolke 7.

Dann kam der Kontakt, bei dem mein Mann einen Wunsch äußerte: ich sollte meine Liebe zu ihm in Worte fassen, andere Menschen damit berühren und ihnen in ihrer Trauer helfen.

Mein Mann wusste, dass ich alles aufgeschrieben hatte. Es hatte also alles einen Sinn.

Ich musste nur noch anfangen. Aber wie schreibt man ein Buch?

Meine Überlegungen dauerten meinem Mann und meinem Geistführer zu lange, sie sagten unmissverständlich: „Fang endlich an, du brauchst Zeit."

Nachdem ich eine erste Gliederung geschrieben hatte, lief es fast wie von selbst.

Ich war mir aber anfangs nicht sicher, ob meine Notizen für ein ganzes Buch reichen würden. Ich bekam wieder Hilfe in Form weiterer Informationen aus Büchern, Zeichen, weiteren Jenseitskontakten und Gesprächen mit meinem Jenseitsmedium.

Ich hatte sehr viele Fragen, wenn die einen beantwortet waren, fielen mir sofort neue ein.

Daran hat sich noch nicht wirklich viel geändert. Ich werde also immer weiter lernen.

Mein Denken und meine Sichtweise haben sich verändert. Ich hatte jetzt die Gewissheit, dass das Leben und die Liebe nicht mit dem Tod enden, dass wir nie wirklich getrennt sind. Wir sind durch die Liebe für immer verbunden. Was ich erlebt habe, erleben nicht alle Menschen. Bei mir war es von der geistigen Welt so gewollt.

Ich weiß jetzt, dass es Teil meines Lebensplans ist, meine Erfahrungen und Erlebnisse aufzuschreiben, um Trauernde zu trösten und ihnen zu helfen, aber auch um mein Wissen weiter zu geben.

Das ist der Wunsch meines Mannes und der Wunsch der geistigen Welt, aber mittlerweile ist es auch mein Herzenswunsch.

In meinen Notizen gibt es einige unbequeme Wahrheiten, aber es war der ausdrückliche Wunsch meines Mannes, auch die mit ins Buch zu nehmen.

Mir war und ist wichtig, über das Geschehene zu sprechen. Auch deshalb gibt es dieses Buch.

Es kann Anlass sein, über diese Themen zu sprechen.

Ich wünsche mir, dass du liebe(r) Leser(in) verstehst, dass nichts einfach so geschieht. Es gibt keine Zufälle, alles hat einen Grund, einen Sinn. Es sieht so aus, als ob alles ganz zufällig geschieht, aber so ist es nicht. Es ist ein ausgeklügelter Plan, und er funktioniert immer, denn die geistige Welt macht keine Fehler.

Alles, was wir erleben und tun, ist immer richtig und gehört zu uns. Alles ist so, wie es sein soll. Wir dürfen vertrauen.

Für mich war es wichtig, dass es bei allem, was ich erlebt habe, auch immer um Gott ging und um seine Liebe zu uns Menschen.

Es ist nicht meine Absicht, dich von meiner Meinung und meiner Sichtweise überzeugen zu wollen. Es sind meine Erfahrungen und sie sind vom Verstand eigentlich nicht zu begreifen, so wunderbar sind sie.

Aber es gibt so viel mehr, als man sich gerade vorstellen kann. Ich habe es erlebt und erlebe es immer wieder, ich habe so viele Beweise bekommen, obwohl ich das nie verlangt habe.

Die geistige Welt und unsere Lieblingsseele sind immer bei uns, sie trösten uns, sie lieben uns und sie machen uns Mut.

Mein Mann hat das in einem Jenseitskontakt so ausgedrückt:

„Was würdest du tun, wenn du wüsstest, dass du nicht scheitern kannst?"

Ich hatte so viel Vertrauen und Mut, dass ich dieses Buch geschrieben habe.

Mein Mann und die geistige Welt helfen mir, ich bekomme weiterhin Hinweise zu Büchern, oder Impulse, auf bestimmte Dinge zu achten, manchmal in Zeitschriften oder in Fernsehfilmen.

Das Buch wird vermutlich das Verhältnis zu Freunden und Nachbarn verändern, es kann sein, dass sie es nur aus Neugier lesen, manche werden das Thema nicht verstehen oder es interessiert sie nicht, andere werden MICH nicht verstehen. Aber darum geht es gar nicht, es geht darum, dass das Buch Menschen helfen kann, die trauern und nicht wissen, wie sie damit umgehen sollen. Diese Menschen möchte ich erreichen.

Mein Buch ist eine Mischung aus Lebensgeschichte und Trauerbegleitung, wie so viele Bücher dieser Art, aber das ist nicht mein Hauptthema. Das Buch ist ein Erfahrungsbericht mit einer Botschaft für diejenigen, die es für sich annehmen können. Ich möchte beruhigen und Mut machen mit meiner Geschichte, denn sie ist gleichzeitig Abschied und Neubeginn'.

Unsere Geschichte ist über Strecken aufwühlend und traurig, aber auch unglaublich berührend.

Aus allem Traurigen ist für uns auch etwas sehr Schönes geworden.

Wir haben die Erfahrung gemacht, dass unsere Liebe von Anfang an da war, dass sie gewachsen ist und dass sie auch jetzt weiter wächst, sie IST.

In diesem Buch geht es auch um Akzeptanz, sich selbst gegenüber und gegenüber anderen. Das Leben und einfach alles so zu nehmen wie es kommt. Den anderen so zu lieben, wie er ist, alle Menschen so anzunehmen, wie sie sind. Liebe, Dankbarkeit, Glück, Freude und Zufriedenheit sind Gefühle, die wir auf der Erde lernen sollen, das haben wir beide getan. Wir haben alles erlebt, was für uns wichtig war, hat mein Mann in einem Jenseitskontakt gesagt.

Ich habe das Buch meinem Mann gewidmet, denn ohne ihn gäbe es das Buch nicht. Er hat mir bei vielen Dingen geholfen, wir haben dieses Buch zusammen „geschrieben".

Das Leben mit ihm hat mich zu dem Menschen gemacht, der ich heute bin. Das war Teil unseres gemeinsamen Lebensplans.

Durch ihn habe ich gelernt, das Leben zu lieben und es so anzunehmen, wie es kommt.

Darum ist dieses Buch ein Buch über einen besonderen Menschen, und über unsere besondere Liebe.

Es ist unsere Liebesgeschichte.


Lieber Leser, ich wünsche mir, dass deine Trauer und deine Sehnsucht sich irgendwann in eine liebevolle Nähe verwandeln.

Ich wünsche mir, dass mein Buch dir dabei hilft und Heilung gibt.

Ich wünsche mir, dass es dir irgendwann gelingt, den Tod deiner Lieblingsseele anzunehmen und wenn du verstehst, dass sie immer bei dir ist, auch wenn sie keinen physischen Körper mehr hat, kann sich deine Trauer verändern.

Du bist nicht allein. Nie, und du wirst immer geliebt.

# Danke

Danke geliebter Mann, durch deinen Tod hast du mir ein großes Geschenk gemacht.

Anfangs habe ich das nicht so gesehen, es nicht verstanden. Aber du hast mir geholfen, zu verstehen, durch deine Nähe und die Zeichen und Träume, die du mir geschickt hast. Du hast nicht aufgegeben, obwohl ich anfangs so tief in meiner Trauer war. Dein Geschenk hat mir die Angst vor dem Tod genommen.

Danke, dass du mir alle Schuldgefühle genommen hast, und die Unklarheiten aufgeklärt hast.

Jetzt kann ich die Erinnerungen zulassen, auch die weniger schönen.

Danke, dass du immer in meiner Nähe bist und all meine Gedanken kennst, ohne dass ich sie aussprechen muss. Das ist ein wunderschönes Gefühl.

Danke, dass du mir den Grund für das Buch gegeben hast, danke für deine Vorschläge zu Titel und Verlag.

Danke, dass ich mit deiner Hilfe zu dem Menschen wurde, der ich heute bin. Danke für deine endlose Liebe. Danke für ALLES.

## Danke

meinem Geistführer, meinem lieben, ständigen Begleiter, der schon immer bei mir war und es immer sein wird.

Danke für die Unterstützung in schweren Zeiten. Du hast mir und meinem Mann geholfen, dass wir sie leichter ertragen konnten.

Danke für die vielen Impulse und Hinweise, die du mir gegeben hast und immer noch gibst. Danke, dass du mir bei meinen Lebensaufgaben hilfst.

**Danke**
an die geistige Welt für eure Liebe und eure immer währende Unterstützung.

Danke, dass ihr da seid.

Danke meiner lieben Freundin Anette. Fürs Zuhören, für deine Geduld, deine Zeit, dein Verständnis, fürs Mut machen, fürs Probe lesen und nicht zu vergessen, für den Schnellkurs in „Word". Mein Computer und ich sind nicht unbedingt „best friends", aber wir haben uns zusammengerauft.

Dank deiner Hilfe.

Danke, dass du meine Freundin bist.

Danke meiner Familie, meinen Eltern, die beide nach meinem Mann in die geistige Welt gegangen sind, und sich hoffentlich freuen, dass ich dieses Buch geschrieben habe.

Danke meinen Kindern, besonders meinem Sohn, der sich in der schweren Zeit liebevoll um mich gekümmert hat und dafür gesorgt hat, dass ich das Essen und Trinken nicht vergaß.

Danke, dass wir zusammen Kerzen angezündet haben.

Danke unseren Freunden, dass sie ihren Freund nicht vergessen.

**Danke**

Bernard Jacoby aus Berlin für das allererste Buch über das Leben nach dem Tod und das wunderbare, lange Telefonat.

**Danke**

Carmen Kaufmann aus Bochum für den ersten , überwältigenden Jenseitskontakt mit meinem Mann.

Mein ganz besonderer Dank gilt Viola Müller. Sie ist professionelles Medium, mehrjährig ausgebildet nach dem englischen Spiritualismus bei Nina Herzberg und Pascal Voggenhuber und hat ihre Praxis „Seelenbrücke" in Bad Nauheim. Sie war die „Übersetzerin" meines Mannes für mich bei allen weiteren Jenseitskontakten. Er verstand sich gut mit ihr und zeigte sich so humorvoll wie er zu seinen Lebzeiten war. Ich war mir ganz sicher, dass die geistige Welt uns zusammengeführt hat und ich Viola vertrauen konnte.

Danke Viola, dass es Menschen wie dich gibt, die mit ihren besonderen Fähigkeiten Jenseitskontakte möglich machen. Danke, dass ich durch dich meinen Mann neu kennenlernen konnte.

Danke, dass ich seine endlose Liebe fühlen durfte.

*Nur sehr wenige Menschen sind lebendig,*
*und die, die es sind, sterben nie.*
*Es zählt nicht, dass sie nicht mehr da sind.*
*Niemand, den man wirklich liebt, ist jemals tot.*

*Ernest Hemingway*

# Wir – unsere Lebensgeschichte

*Das Leben ist wunderschön*
*und bunt und strahlt in allen Farben.*
*Es kann traurig sein, manchmal einsam, manchmal*
*kompliziert, aber vor allem ist es voller Liebe.*

Unser gemeinsames Leben, das waren 41 Jahre, vollgepackt mit Leben in allen Facetten, nie langweilig – eben das Leben.

Unsere Liebe war keine Sandkastenliebe, obwohl wir zeitgleich im selben Kindergarten waren. Unsere Eltern kannten sich durch den Schützenverein, wir kannten uns nicht. Aufgewachsen bin ich in einem Ortsteil, der abgelegen mitten in Getreidefeldern und einer Obstplantage nahe am Wald lag. In der Nachbarschaft gab es nur zwei Häuser. Zum Spielen hatte ich meine neun Jahre jüngere Schwester, ich war also ziemlich lange Einzelkind. Es war ein ruhiges, behütetes Leben mitten in der Natur, schon immer verbunden mit Garten und Blumen, denn mein Vater besaß eine Gärtnerei. Nach der Schule studierte ich Gesang. Eine verschleppte Grippe und eine anschließende Herzmuskelentzündung zwangen mich zu einem Jahr Zwangspause. Danach war es vorbei mit dem anstrengenden Beruf einer Sängerin. Ich machte eine Ausbildung zur Erzieherin.

Ohne die Krankheit wäre mein Leben sicherlich ganz anders verlaufen. Ich hätte meinen Mann nicht kennengelernt, nichts von dem, was ich erlebt habe, wäre geschehen.

Es gäbe kein Buch.

Aber: Nichts geschieht ohne Grund.

Mein Mann wuchs im Nachbarort auf. Bei ihm war alles ganz anders, er war schon immer mitten drin im Leben.

Als Kind hatte er jeden Tag mindestens 10 Freunde zum Spielen, und es gab noch seinen ein Jahr älteren Bruder und eine große Familie. Da wurde gerne und oft gefeiert.

Gelegenheiten gab es viele.

In meiner Familie ging es ruhiger und ernster zu. Der Vater meines Mannes war Fahrlehrer, bei ihm habe ich meinen Führerschein gemacht. Meinen späteren Ehemann habe ich manchmal kurz gesehen. Kennengelernt haben wir uns sechs Jahre später beim Schützenfest. Eigentlich mochte ich keine Schützenfeste, warum ich meine Eltern an diesem Abend begleitet habe, weiß ich nicht mehr.

Aber es geschieht ja nichts ohne Grund – es gibt keine Zufälle.

An diesem Abend habe ich meinen Mann angesprochen, so etwas hätte ich normalerweise nie getan. Ich denke, das war zu der Zeit auch gar nicht so üblich.

Nach diesem Abend veränderte sich mein Leben.

Wir trafen uns noch zweimal, dann fuhren wir – jeder mit Freunden – getrennt in Urlaub.

Mir kam noch nie eine Woche so lang vor.

Ich konnte es kaum erwarten ihn wieder zu sehen. Wir blieben zusammen.

Da war von Anfang an das Gefühl, dass wir zusammengehören, dass alles so war, wie es sein sollte. Wir waren verschieden, hatten aber die gleichen Wertvorstellungen.

Unsere Liebe fühlte sich so selbstverständlich an, es gab keine Zweifel.

In unserer Ehe haben wir beide voneinander gelernt und profitiert.

Ich weiß noch genau, wie ich mich fühlte, als er mich zu Hause besuchte und ich das erste Mal bei ihm war. In seinem Zimmer stand ein kleiner Glastisch mit Chromgestell. Diesen Tisch haben wir später mit in unsere erste Wohnung genommen. Jetzt stehen darauf Fotos von ihm, von uns beiden. Daneben liegen seine Brille, seine Armbanduhr und seine Porsche Bücher.

Und dort steht auch das Modell unseres weißen Porsche 356: unserer „Biene".

Autos waren seine Leidenschaft, er hat in seinem Leben viele Automarken gefahren:

Käfer, Opel GT, BMW, Audi, Porsche 911. Er hatte Führerscheine für alle Klassen und konnte Bus und Motorrad fahren.

Als mein Mann achtzehn Jahre alt war, hat er noch den Taxischein gemacht. Er wollte neben seiner Arbeit als Büro Kaufmann Geld verdienen. Er hatte sich überlegt, dass er abends beim Taxi fahren Geld verdiente und nicht nur in der Freizeit ausgab. Arbeiten, gleichzeitig Spaß am Autofahren und mit vielen unterschiedlichen Menschen zusammen kommen, das passte.

In dieser Zeit fuhr er zum ersten Mal einen Porsche, weil ein Geschäftsmann mit seinem eigenen Auto nach Hause gebracht werden wollte. Mein Mann machte das anscheinend so gut, dass er immer wieder von diesem Kunden angefragt wurde. Das Auto machte sie zu guten Bekannten. Mein Mann hat das später gern erzählt.

Als Kind durfte er mit seinem Opa in den Ferien im LKW mitfahren, die beiden haben schöne Zeiten miteinander verbracht.

Mein Mann hat daran gedacht, Reisebusse zu fahren, weil er andere Länder kennenlernen konnte.
Langes Fahren machte ihm ja nichts aus, im Gegenteil. Aber das Leben hatte andere Pläne mit ihm.
Als er seinen blauen Opel GT hatte, fuhren wir zum Nürburgring. Er hatte Spaß, mir war das eindeutig zu schnell. Das war das einzige Mal, dass ich bei ihm im Auto Angst hatte.

An unserem ersten Heiligabend als Ehepaar schenkte er mir einen gebrauchten Fiat. Dieses Auto war allerdings öfter in der Werkstatt als bei mir. Wir lachten beide über den Spruch: Fiat – fehlerhaft in allen Teilen. Nach diesem „Ausrutscher" gab es bei uns nur noch Leasingautos. Als Kind durfte er bei seinem Onkel in einem defekten Porsche 356 spielen. Seitdem hatte er einen Traum: so ein Auto wollte er später auch mal haben.
Seinen Traum hat er sich mit 60 Jahren erfüllt und durch dieses Auto entstand unser neues, gemeinsames Hobby.

*Jedes Leben hinterlässt Spuren*
*im Leben eines anderen.*

Durch ihn habe ich mich verändert, aber ich habe mich nie eingeengt oder beeinflusst gefühlt. Ich war gerne für ihn da, ich hatte nie das Gefühl, mich verwirklichen zu müssen. Ich veränderte mich unbemerkt nebenbei.

Ein Jahr nach unserem Kennenlernen heirateten wir, da waren wir 26 Jahre alt. Dass wir heiraten wollten, „beschlossen" wir auf der Hollywoodschaukel meiner Eltern.

Es war kein romantischer Heiratsantrag, aber es fühlte sich vollkommen richtig an, ohne irgendeinen Zweifel.

Wir zogen in mein Elternhaus, die Wohnung im Dachgeschoss hatte mein Mann mit meinem Vater nach Feierabend ausgebaut.

Wir bekamen zwei Kinder, die uns viel Freude gemacht haben.

Unser Sohn hat nach dem Tod meines Mannes die Firma übernommen und führt sie erfolgreich weiter.

Wenn mein Mann zu Hause war und Zeit hatte, war er ein guter Vater.

Jeden Abend las ich den Kindern eine Geschichte vor, danach war mein Mann an der Reihe.

Er erzählte frei erfundene Geschichten, die Kinder waren fasziniert.

Sehr beliebt war auch das Spiel „Pferd". Mein Mann kroch auf allen Vieren, mit den Kindern auf dem Rücken durch die Wohnung. Dabei schwankte das „Pferd" manchmal ganz überraschend mal nach links, mal nach rechts. Die Kinder mussten aufpassen, dass sie nicht vom „Pferd" fielen.

Irgendwann wurde das „Pferd" müde und wieherte, aber die Kinder bettelten „nochmal Papa!" Manchmal hat er sie einzeln huckepack durch die Wohnung getragen, sie passten dann natürlich nicht durch die Türrahmen. Das wurde immer umständlich ausprobiert. Alle hatten Riesenspaß an diesen Spielen, auch ich als Zuschauerin.

Familie, Arbeit, Freunde treffen, Urlaub – wir lebten 20 Jahre wie unsere Freunde.

Dann begann ein neuer Lebensabschnitt für uns: wir zogen in das Elternhaus meines Mannes und er machte sich gleichzeitig selbstständig. Er baute eine erfolgreiche Firma auf und wurde in der Branche durch seine Persönlichkeit und seine Fairness im Geschäftsleben schnell bekannt. Mit dem Eintritt in einen Einkaufsverband begann eine ereignisreiche Zeit für uns. Messen, verbunden mit großen Abendveranstaltungen, Treffen mit Geschäftspartnern und Lieferanten in Top Hotels in Berlin, Hamburg, München, Leipzig, Dresden, Wien, Köln und Warnemünde. Wir lernten in dieser Zeit viele Menschen kennen und genossen die Abende mit guten Gesprächen, Musik und gutem Essen. Weil uns Berlin und München so gut gefielen, sind wir auch privat oft dorthin gefahren.

Mit den Kindern waren wir in Italien, in Holland und auf Langeoog, allein haben wir Urlaub auf Sylt, in Meran oder auf Mallorca gemacht.

Langeoog war unsere Lieblingsinsel, wir waren beide schon als Kinder dort.

Ein Wochenende im Oktober waren wir jedes Jahr mit unseren Kindern und deren Partnern auf Langeoog. Das war das Weihnachtsgeschenk für unsere Kinder von uns. Die Zeit mit ihnen war auch für meinen Mann ein Geschenk.

Wir haben uns im Urlaub oft Bücher gekauft, um uns über die Orte zu informieren.

Auf Langeoog haben wir bei Regen oft stundenlang in der „Strandhalle" gesessen und gelesen.

Natürlich gab es auch Tee und Sanddorn Torte. Obwohl wir unsere Bücher und Zeitschriften vor uns liegen hatten, blieb doch genügend Zeit, um sich zu unterhalten. Wir haben die Zeit genossen, auch wenn es regnete. Mein Mann hat damals Sudoku für sich entdeckt, er fing mit leichten Aufgaben an und hat bald auch die schwierigen geschafft.

Irgendwann hatte mein Mann es geschafft mich zu einem Urlaub auf Mallorca zu überreden. Er musste mir versprechen, dass wir nicht zum „Ballermann" gehen würden. Gezeigt hat er ihn mir trotzdem – von Weitem.

Ich habe später oft bereut, dass ich nicht schon eher bereit war, nach Mallorca zu fliegen. Mein Mann hatte ein Hotel ausgesucht, das direkt am Meer lag, dieses Hotel wurde eins unserer Lieblingshotels. Wir sind noch oft dort gewesen.

Als wir das Zimmer betraten, stand die Balkontür auf, die weißen Stoffvorhänge bewegten sich leicht vom Wind, man hörte das Rauschen des Meeres und als Überraschung für mich stand da ein Himmelbett, auch mit weißen Stoffvorhängen. Das Frühstück genossen wir jeden Morgen. auf der Hotelterrasse mit einem traumhaften Blick auf das Meer. Ich war begeistert.

Mein Mann suchte immer die besten und schönsten Hotels aus, natürlich gaben wir das Geld nicht mit vollen Händen aus, wir blieben dann statt zwei eben nur eine Woche. Wir liebten die Atmosphäre der Hotels, besonders in der Bar und in der Lobby. Denn dort pulsierte das Leben.

Damals begannen wir ein Spiel: wir waren Hoteltester. Wir sprachen aber nicht nur über Vor- und Nachteile der Hotels, sondern auch über das Personal. Bei manchen merkte man sofort, dass sie ihren Weg machen würden. Es war auch sehr interessant, mit den Barkeepern zu sprechen und ihnen dabei beim Mixen der Drinks zuzuschauen.

Wir lernten viele Menschen kennen und erlebten in jedem Hotel besondere Momente.

Es wurde zur lieben Gewohnheit, dass es jedes Jahr den gleichen Ablauf gab:

München, Meran, Mallorca, Weihnachtsmarkt Berlin, Motor Klassik Essen und Bremen, Messe Köln und IFA Berlin. Wir liebten diese immer gleichen Abläufe, es war trotzdem immer anders und immer schön.

Ich bin dankbar, dass ich das alles mit meinem Mann erlebt habe, dass er mir so viele wunderbare Dinge gezeigt hat. Er wollte noch viel öfter verreisen, aber ich habe ihn gebremst. Ich dachte an meine Pflanzen im Garten, die gegossen werden mussten, an das Kofferpacken, das ich nicht besonders mochte und an die Wäsche, wenn wir wieder zu Hause waren. Heute bereue ich, dass wir nicht öfter verreist sind, aber jetzt ist es zu spät.

Als mein Mann 60 Jahre alt wurde, erfüllte er sich seinen Kindheitstraum: er kaufte sich einen elfenbeinfarbenen Porsche 356 mit roten Sitzen aus dem Jahr 1964. Er steckte mich mit seiner Begeisterung für dieses Auto an und für uns begann mal wieder eine neue, aufregende, erlebnisreiche Zeit.

Wir wurden Mitglieder im 356 Club Deutschland, einmal im Monat fuhren wir zum 356 Stammtisch im Nachbarort. Dazu kamen viele Ausfahrten, Oldtimer Rallyes, Wochenendtreffen, Deutschlandtreffen, internationale Treffen. Wir waren mit dem alten Porsche in Garmisch, Potsdam, Aarhus, Brüssel, Bamberg und Bad Nauheim. Durch dieses gemeinsame Hobby fanden wir viele neue Freunde.

Dann gab es noch die sogenannten Silvesterfahrten. Wir fuhren jedes Jahr über Silvester mit drei befreundeten Paaren fünf Tage weg, jedes Jahr an einen anderen Ort in Deutschland.

Wir waren wirklich dauernd unterwegs, die Arbeit hat trotzdem nicht darunter gelitten. Mein Mann hat die Zeit nachgeholt. Er stand dann morgens oft um fünf Uhr auf und arbeitete bis 22 Uhr, aber er hatte sich angewöhnt, jeden Mittag von 13 Uhr bis 15 Uhr Pause zu machen, er ging ins Bett und konnte wirklich schlafen. So hat er die langen Arbeitstage durch gehalten.

Mein Mann hat nie verlangt, dass ich morgens mit ihm aufstand und Frühstück machte. Im Gegenteil, wenn ich wach wurde, sagte er liebevoll „Augen zu!"

Seine Brote machte ich immer schon Abends. Er fand, dass sie am nächsten Tag besonders gut schmeckten. Er nahm sie Morgens mit ins Büro, das nur eine Treppe tiefer war. Dort kochte er sich Kaffee, übrigens auch gleich für alle Mitarbeiter mit. Dann aß er seine Brote, immer mit grober Rügenwalder Braunschweiger. Eine Angewohnheit, die er fast sein ganzes Leben beibehalten hat. Wir haben beide immer gern gearbeitet, wir waren froh, dass wir arbeiten durften und haben uns nie über zu viel Arbeit beklagt.

Ich habe in der Firma mitgearbeitet, Küchen und Schaufenster dekoriert und geputzt. Das hat mir viel Spaß gemacht und ich tue es heute noch.

Immer nach seiner Mittagspause hat mein Mann sich eine ganze Handvoll Lakritz in den Mund gesteckt und mich dann geküsst. Dabei hat er gelacht, denn er wusste, dass ich den Lakritz Geschmack hasste.

Er hatte auch großen Spaß dabei, mich zu kitzeln, wenn er – ganz unschuldig – an mir vorbei ging, oder wenn er beim Autofahren mein Knie an einer bestimmten Stelle zwickte.

Wir waren beide Genussmenschen, wir haben die schönen Dinge des Lebens genossen.

*Lebensfreude ist die Summe vieler kleiner Geschenke,*
*die uns das Leben jeden Tag macht:*
*ein Spaziergang im Wald, ein gutes Buch, schöne Musik,*
*ein Moment der Stille, ein Moment der Nähe, ein Lächeln,*
*eine Umarmung, liebe Grüße.*

Unsere Liebe, unsere Gespräche, gutes Essen, reisen, Mode, gute „Hotels, schöne Autos, Musik Natur, schöne Dinge, Zeit mit Familie und Freunden und ja, auch unsere Arbeit.

Und wir liebten beide Schokolade. Nachdem wir in Palma das Schokoladenhaus entdeckt hatten, kauften wir jeden Tag einige Pralinen, die wir dann beim Bummeln durch die Altstadt aßen. Zum Abschluss des Tages gingen wir meistens ins Mar de Nudos am Jachhafen. Bei leckerem Roséwein verbrachten wir dort schöne Stunden, mit Blick auf viele tolle Jachten.

Morgens waren wir oft im Puro Beach, direkt am Meer, eigentlich liegt es fast im Meer. Wir hatten also Wasser, viele Menschen und viele Flugzeuge, denn dort war die Einflugschneise zum Flughafen. Was viele Menschen vielleicht stört, liebten wir.

Um uns war viel Leben, wir waren mitten im Leben.

Mein Mann liebte die Wärme, den Süden, die Sonne und die Berge, ich dagegen die Nordsee, vor allem bei Sturm. Und ich brauchte auch nicht unbedingt Sonne.

Wir haben beides gemacht und ich liebe jetzt auch die Dinge, die er geliebt hat.

Unsere 50. Geburtstage und unsere Silberhochzeit waren kurz nacheinander im gleichen Jahr.

Wir haben EINE große Feier mit Familien und Freunden gefeiert.

Mein Mann hat sich den Wunsch einer Liveband erfüllt. An diesem Abend tanzten wir zu einem unserer Lieblingssongs: Live is life von Opus.

Unsere absoluten Lieblingsorte sind Langeoog, Berlin, Meran und Mallorca geworden, sie waren jedes Jahr ein Muss.

Mit meinem Mann war immer alles gut, er gab mir Sicherheit, Geborgenheit, Vertrauen, er war meine Liebe, mein Leben. Er wollte immer stark sein für mich, das ist ihm gelungen. Ich habe ihn bewundert, er war so mutig, er konnte immer alles, wusste immer, was zu tun war. Alles was ich getan habe, habe ich für ihn oder mit ihm getan, ich habe mich dabei aber nie selbst aufgegeben.

Wenn er von einer Geschäftsreise kam, hörte ich zuerst die Tür, dann das Geräusch beim Abstellen seines Koffers und dann seine Stimme „Mäusi". So hat er mich immer liebevoll gerufen, ich kann es heute noch hören. Er hat sich jedes Mal gefreut mich zu sehen. Auch wenn ich ins Büro kam, gab er mir nie das Gefühl zu stören. Er hat mich immer angelächelt, auch wenn er um etwas zu holen kurz nach oben in unsere Wohnung kam. Unser Leben bestand aus vielen Wiederholungen und Ritualen, so sind wir z. B. jeden Freitagabend in unser Lieblingslokal gefahren.

Obwohl mein Mann beruflich Veränderungen brauchte, brauchte er die Wiederholungen in unserem Leben. Das gab uns beiden Stabilität. Wir waren beide zufrieden mit unserem normalen Leben und wollten eigentlich nichts Besonderes. Dass wir dann das Besondere so oft erlebten, war wunderbar. Er war schon ein besonderer Mensch in jeder Beziehung.

So sind wir z. B. für den Kauf einer Lederjacke in Meran dreimal in das Geschäft gegangen, bevor er sich zum Kauf entschloss. Er liebte italienische Lederschuhe, weil sie so bequem waren. Auch seine Kleidung suchte er sich selbst aus, er hatte einen guten Geschmack, es durfte auch ruhig mal farbig sein. In Palma hatte er sich einen Strohhut gekauft und ihn dann im Taxi vergessen, weil er sich so angeregt mit dem Taxifahrer unterhalten hatte.

Also mussten wie am nächsten Tag einen neuen Hut kaufen.

Den Hut packte er bei der Abreise in den Koffer, aber der Hut das gut überstanden. Als er seinen Oldtimer gefunden hatte, ist er ins Bergische Land gefahren. Er wollte sich das Auto nur mal ansehen, aber noch nicht kaufen. Als er mich dann anrief, wusste ich sofort, dass er das Auto gekauft hatte, das war Liebe auf den ersten Blick. Geschenke zu Weihnachten und zu den Geburtstagen waren nicht so sein Ding, aber wenn wir unterwegs waren, hat er mir schöne Dinge gekauft.

So habe ich heute Erinnerungen an all die Orte, an denen wir diese Dinge ausgesucht haben.

In den ersten Jahren unserer Ehe war er geschäftlich von Montags bis Freitags im Außendienst.

Wir telefonierten jeden Abend, immer um die gleiche Zeit.

Dass er nicht da war, fand ich nicht schlimm, ich hatte meine Arbeit, die Kinder, da ging die Zeit schnell vorbei. Er selbst hat nie darüber gesprochen, ob er darunter gelitten hat, so oft weg von zu Hause zu sein. Er hat erzählt, dass er gerne Auto fährt, auch lange Strecken, außerdem war er bei den Kunden sehr erfolgreich. Er hat aber schon Andeutungen gemacht, dass beides zusammen auch Stress war.

Abends im Hotel hat er dann die Aufträge bearbeitet, damit er das nicht noch am Wochenende erledigen musste.

Er hat gerne gefeiert, und er wollte immer der Letzte sein, der nach Hause ging. Alkohol trank er nur bei Feiern und beim Kegeln, aber dann fand er meistens kein Ende.

Das wurde immer mehr zu einem Problem für mich. Diese Seite an ihm mochte ich nicht, obwohl er nie ausfallend wurde, sondern lustiger. Aber ich mochte das nicht, auch nicht, dass andere ihn so sahen. Von meinen Eltern kannte ich das nicht, für ihn war das normal, er war damit aufgewachsen und er hat es so weitergelebt.

Er hat auch nichts geändert als ich ihn darum gebeten habe.

Heute kenne ich die Ursachen.

Er war kein Alkoholiker, bei uns zu Hause gab es keinen Alkohol. Aber ich wusste bei jeder Feier vorher, wie das enden würde. Er konnte einfach nicht „nein" sagen.

Erst in den letzten zehn Jahren unserer Ehe wurde es besser. Für mich waren das die schönsten Jahre.

Es war nicht immer einfach mit ihm, aber ich liebte ihn. So ist das Leben. Ich lernte, auch seine andere Seite zu akzeptieren, denn sie gehörte zu ihm. Er war immer liebevoll, er war der richtige Mann für mich.

Ich habe nichts vergessen aus unserem Leben.

Mir fehlt sein Lächeln, seine Stimme, seine Berührungen, sein Körper, unsere Nächte, unsere Gespräche. Er fehlt mir. Er war der Mensch, mit dem ich die meiste Zeit meines Lebens verbracht habe. Trotzdem gab es einen Teil von ihm, den ich nicht kannte.

Vielleicht denke ich deshalb so oft darüber nach, was er wohl gedacht und gefühlt hat. Er saß manchmal an seinem Schreibtisch und wirkte etwas abwesend, wenn ich ihn fragte, was los sei, sagte er immer: „ich denke."

Ich habe mal gelesen, dass man von seinem Partner nur 10 % kennt. Habe ich wirklich nur so wenig von ihm gewusst? Ich hatte viel Zeit, darüber nachzudenken. Ich hätte so gerne alles über ihn gewusst, aber es gibt nur wenige Menschen, die ich noch fragen kann. Was hat er gedacht und gefühlt als Kind, als Jugendlicher, als junger Mann? Natürlich hat er mir einiges aus seinem Leben erzählt, aber was tief in ihm vorging, hat er nie gesagt, und genau das wollte ich jetzt wissen. In den Jenseitskontakten hat er mir meinen Wunsch erfüllt, und mir alles gesagt, was ich wissen wollte. Er und unser gemeinsames Leben haben mich zu dem Menschen gemacht, der ich heute bin. Ich habe viel von ihm gelernt, viel von ihm angenommen.

Das hat mich stärker gemacht, diese Stärke hilft mir jetzt, allein weiter zu leben.

Wir hatten eine positive Verbundenheit, an der wir beide gewachsen sind. Während unserer Ehe lernten wir viel voneinander und wir bewunderten im anderen, was wir selbst nicht hatten. Mir hat sich durch ihn eine neue Welt eröffnet. In seinem Kielwasser lernte ich mit der Zeit selbstsicherer aufzutreten, während er mit seinem Charisma jeden um den Finger wickelte. Unser Leben war aufregend, spannend, wild, stürmisch, liebevoll, humorvoll und vertrauensvoll. Seine ansteckende, positive

Lebenseinstellung machte ihn so liebenswert. Er war eigentlich immer gut „drauf', hat sich nie beklagt, war nie aggressiv, aber er konnte auch ziemlich stur sein, wenn er seinen Kopf durchsetzen wollte.

Wir waren seelenverwandt, glücklich und dankbar, unlösbar miteinander verbunden. Wir haben oft wörtlich das gleiche gedacht. Da war eine tiefe Vertrautheit, wie ein unsichtbares Band, das viele Menschen bemerkten.

Er hat mich mit seiner Autoleidenschaft angesteckt. Lange Zeit mochte ich die Form eines Porsche 911 nicht, jetzt bin ich auch ein leidenschaftlicher Porsche Fan.

Er war der einzige, bei dem ich mich im Auto absolut sicher fühlte, ich konnte dann auch manchmal schlafen. Ich hätte tagelang mit ihm Autofahren können, Hauptsache wir waren zusammen.

Das wünsche ich mir noch heute, und deshalb kann ich mit niemanden im Auto in Urlaub fahren, schon gar nicht zu unseren Urlaubsorten. Aber ich habe ohnehin nicht den Wunsch, ohne ihn dort hinzufahren. Ein Jahr, bevor er die Krebsdiagnose bekam, wurde er rastlos. Er wollte nochmal die Orte besuchen, wo wir zusammen gewesen waren.

Wir waren ständig unterwegs, so als ob er eine Vorahnung gehabt hat, dass er alles nicht mehr sehen würde. Wir waren überall zweimal in diesem Jahr, dazwischen gab es die Oldtimer Fahrten, die Veranstaltungen des Küchenrings. Wie viel Kraft muss ihn das gekostet habe, er hat ja auch noch nebenbei gearbeitet. Die langen Autofahrten, die Spaziergänge, das Koffertragen er hat nichts gesagt und ich wollte vermutlich nichts sehen. Er hat sich bestimmt Gedanken um seinen Gesundheitszustand gemacht, denn er hatte Schmerzen, Schluckbeschwerden und fühlte sich schlapp. Er hat sich nichts anmerken lassen oder hat es verharmlost.

Es wird so viel über Achtsamkeit geredet, wie wichtig es ist, jeden Moment bewusst zu leben, egal ob er positiv oder negativ ist. Jeder Moment hat seinen Sinn. Ich sehe vieles aus unserem Leben ganz klar vor mir, aber trotzdem habe ich oft das Gefühl, mir nicht genug gemerkt zu haben.

Ich möchte unser Leben noch einmal leben und mir jede Sekunde fest einprägen. Ich kann mir nicht vorstellen, wie man leben würde, wenn man alles vorher wüsste. Das wäre vermutlich unmöglich, aber Gott sei Dank ist das für uns nicht vorgesehen.

Im September war dann unser 40. Hochzeitstag. Da wollte er schon keine große Feier mehr. Es gab ein Abendessen mit Freunden. Ich fand die Stimmung eigenartig, denn mein Mann war stiller als sonst. Den anderen ist nichts aufgefallen.

Mein Mann hat im Leben alles erreicht was er sich vorgenommen hat, ohne sich zu verbiegen.

Er ist sich immer treu geblieben. Seine Menschlichkeit hat ihn ausgezeichnet, er machte keine Unterschiede, war zu allen gleich freundlich und hilfsbereit, nie neidisch. Er konnte sich für andere freuen, hat anderen alles gegönnt. Dafür hat er oft selbst zurückgesteckt.

In seiner Firma war er eine prägende Persönlichkeit. Mit großer Einsatzbereitschaft, Fachwissen und Erfahrung. Seine Auszubildenden waren oft die besten bei den Prüfungen. Er gab sein Wissen gerne weiter. Er selbst brauchte die Veränderung, im Beruf musste es immer vorwärts gehen.

Er hatte alle Führerscheine, für unsere Holland-Urlaube hat er noch einen Bootsführerschein gemacht. Er konnte Ski und Wasserski fahren und hat seine Liebe zum Wassersport an seinen Sohn weiter gegeben.

Mein Mann hat sich nie entmutigen lassen, er hat alles probiert. Er war warmherzig, großzügig und fair, aber wenn er etwas durchsetzen wollte, konnte er auch hart sein.

Ein Geschäftspartner schrieb mir in einem Beileidsbrief: „So einen Menschen hätte ich gern zum Freund gehabt."

Mein Mann hat immer versucht, sich nicht unterkriegen zu lassen und aus allem das Beste zu machen. Dieses Beste musste nicht perfekt sein, aber ordentlich. Das versuche ich jetzt auch in meinem Leben.

Er war fürsorglich, mitfühlend, lebensfroh und gesellig, aber auch nachdenklich. Das haben viele nicht bemerkt.

Er konnte Menschen gut einschätzen, aber er verurteilte nicht.

Sein Lebensmotto war: Zähne zusammenbeißen, weiter machen, keine Schwäche zeigen, weder vor anderen noch vor sich selbst.

So hat er auch die Krebsdiagnose angenommen.

Er war eine charismatische Persönlichkeit, das bemerkten andere schon, wenn er einen Raum betrat, aber noch gar nichts gesagt hatte.

Im Beruf, aber auch sonst konnte er die Menschen mit seiner Stimme für sich gewinnen. Er liebte das Sprechen und Erzählen.

Er genoss es, wenn er es durch Äußerungen schaffte, dass andere ihn für dumm hielten. „Lass sie doch reden, wir wissen es besser", sagte er dann zu Hause. Und noch etwas war bezeichnend für ihn: seine Schlagfertigkeit. Er wusste immer auf alles eine Antwort.

Und dann waren da noch seine Sprüche, die er gern in Unterhaltungen einstreute:

ich mach eh was ich will
soll ich mich ändern?
Barfuß oder Lackschuh alles oder nichts
und ich mach mein Ding
nichts ist für die Ewigkeit
nach etwas negativem kommt immer etwas positives
ein gutes Pferd springt nicht höher, als es muss.
Wenn jemand stirbt, wird anderswo ein Kind geboren.

Seine Sprüche sagen viel über seine Denkweise aus.

Es gäbe noch so viel über ihn zu sagen, aber trotzdem reicht das alles nicht, um seine Persönlichkeit wirklich zu schildern.

Sein Dasein war eine Bereicherung für alle, die ihn kannten.

Ich durfte 41 Jahre mit ihm leben, ihn erleben. Dafür bin ich sehr dankbar.

Mein Leben ist mit seinem Leben verbunden, seit wir uns trafen.

Er hat mir gezeigt, wie Leben „funktioniert, denn er hat schnell bemerkt, dass ich mit „angezogener Handbremse" lebte. Er hat es vorgelebt und mich mitgerissen in dieses Leben aus Liebe und Lebensfreude und der Fähigkeit, das Leben, das Unabänderliche zu akzeptieren.

In seinem augenscheinlich beschleunigten Leben hat mein Mann seine Aufgaben auf der Erde vollendet. Er lebte leidenschaftlich, er liebte innig, er errang Erfolge und hat viel geschafft.

Er hat seinen Lebensplan erfüllt.

Unser Leben war nicht immer einfach, aber es war unfassbar schwer, ohne ihn weiter zu leben.

Er war immer für mich da, er hat alles für mich getan. Er hat mich geliebt, geprägt und mich selbstlos mit seiner ganzen Kraft unterstützt. Er fehlt mir so.

Geborgenheit, Sicherheit, Vertrauen, Freude, Glück, Zufriedenheit, Dankbarkeit all das war unsere Ehe, unsere Liebe.

Er hat sein Leben gelebt, so gut er konnte, mit allem, was ihm möglich war.

Er hat es gut gemacht sein Leben.

Er ist auch jetzt noch so, wie ich ihn gekannt habe und doch so viel mehr.

Das WIR hat niemals aufgehört, das macht mich glücklich.

In den Jenseitskontakten hat er mir seine Liebe gezeigt, die uns für immer verbindet und mir Halt gibt. So war es immer und so ist es auch jetzt. Ich habe eine tiefe, tröstende und berührende Verbundenheit mit meinem Mann erlebt, die über den Tod hinaus geht.

Ich werde versuchen, das zu tun, was er sich für mich wünscht: das Leben so zu genießen, wie wir es früher gemeinsam getan haben.

*Liebe fragt nicht nach dem Warum,*
*sie ist einfach da,*
*alles, was wir tun können, ist*
*die Liebe anzunehmen,*
*lieben zu lernen.*
*Das Leben schenkt uns dafür jeden Tag*
*neue Gelegenheiten.*

*In unserem ersten Jenseitskontakt zeigte sich*
*mein Mann in seinem Wohlfühlalter: etwa 50 Jahre.*
*Dieses Foto zeigt ihn mit 53 Jahren.*

*Wir waren 41 Jahre glücklich verheiratet*

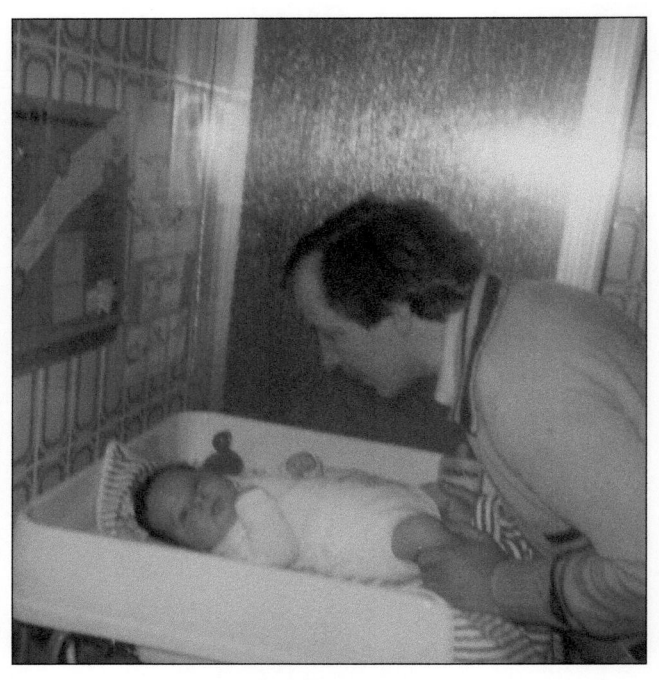

*Mein Mann mit unserer Tochter*

*Mein Mann mit unserer Tochter*

*Mein Mann mit unserem Sohn*

*Mein Mann mit unserem Sohn*

*Mit unserer Tochter auf dem Weihnachtsmarkt*

*Immer zu Späßen bereit*

*Beste Freunde seit der Schulzeit, 16 Jahre und einen Tag*
*vor meinem Mann starb sein bester Freund*
*an einer schweren Krebserkrankung.*

*Wir verstehen uns ohne Worte.*

*Mein Mann erfüllt sich einen Traum,*
*er hat hart dafür gearbeitet.*

*Mit dem „Küchenring" in Wien*

*Auf der Hotelterrasse in Cala Major, Mallorca*

*In Gedanken versunken am Cap Formentor,*
*dem Treffpunkt der Winde*

*Unser gemeinsames Hobby: der Porsche 356*

*Langeoog mit unseren Kindern.*
*Es waren unsere letzten gemeinsamen Tage. Mein Mann*
*starb fast genau ein Jahr später.*

# Die Krankheit

*Es kommt nicht darauf an, wie lange wir leben,
sondern, wie sehr wir geliebt werden.*

Alles begann ganz harmlos mit Halsschmerzen. Wir haben uns nichts dabei gedacht, wir schoben es auf die Klimaanlage im Auto, oder auf das geöffnete Schlafzimmerfenster. Außerdem war es Frühling und viele Menschen waren erkältet.

Mein Mann probierte alle möglichen Hausmittel und Medikamente aus, aber nichts half. Im Gegenteil, die Schmerzen wurden schlimmer.

Mehrere Ärzte fanden keine Ursache. Es folgten CTs, MRTs und als auch die nichts ergaben, zwei Biopsien im Krankenhaus, wieder ohne Befund.

Wir waren erleichtert. Wenn nichts gefunden wurde, konnte es doch nichts Schlimmes sein. Aber mein Mann veränderte sich, er wurde irgendwie rastlos. So oft wie in diesem Jahr sind wir noch nie verreist.

Ende Oktober fuhren wieder mit den Kindern zu unserem traditionellen verlängerten Wochenende nach Langeoog.

Da hatte er beim Spazierengehen oft so starke Schmerzen in der rechten Gesichtshälfte, dass er stehen bleiben musste.

Er hatte sich eine Handbewegung angewöhnt: er strich sich mit der rechten Hand über die Wange bis zum Ohr, denn genau dort waren die Schmerzen.

Er muss damals schon viel stärkere Schmerzen gehabt haben, als er zugab. Er wollte keine Schwäche zeigen, er wollte nicht darüber sprechen.

Als wir wieder zu Hause waren, vereinbarte er einen Termin bei einem HNO Professor im Klinikum.

Wieder folgten Untersuchungen und eine Biopsie, doch diesmal fand der Pathologe mit einem aufwendigen Verfahren die Ursache seiner Schmerzen: es war ein bösartiger, schnell wachsender Tumor im Bereich des Kehlkopfes. Die anderen Biopsien hatten nichts ergeben, weil dieser Tumor von innen nach außen wächst und die äußeren Zellen schon abgestorben und damit in einer Biopsie schwer erkennbar sind.

Als mein Mann die Diagnose bekam, war ich nicht bei ihm.

Wie grausam muss das für ihn gewesen sein und was hatte er bis dahin alles schon ertragen.

Monatelange Schmerzen, viele unangenehme Untersuchungen, die lange Zeit der Ungewissheit, des Hoffens und dann die schreckliche Diagnose.

Er zeigte seine wahren Gefühle nicht, er sagte nur: „Wir müssen positiv denken." Und das, obwohl die Ärzte nur von einer sechzigprozentigen Heilung sprachen.

Als wir Abends zu Hause im Bett lagen, hielten wir uns wortlos an den Händen. Ich versuchte, nicht zu weinen, und auch er hat nichts gesagt.

Am nächsten Tag sagte ich mir: es wird gut ausgehen, es muss gut ausgehen, er wird es schaffen, er hat bis jetzt immer alles geschafft.

Es wurde eine traurige Adventszeit und ein trauriges Weihnachtsfest. Wir haben versucht so zu leben wie immer. Er wollte, dass ich alles so mache wie immer. Aber nichts war wie immer.

Es war sein letztes Weihnachtsfest.

Anfang Januar war der Termin der großen Operation, bei der der Tumor entfernt werden sollte, aber gleichzeitig würde er dabei auch seine Stimme verlieren.

Diese Stimme, die so zärtlich sein konnte, mit der er die Menschen für sich gewann, die so fesselnd erzählen konnte. Ich konnte mir nicht vorstellen, sie nie mehr zu hören.

Einmal bat ich ihn, seine Stimme mit dem Handy aufzunehmen, aber das wollte er nicht. Er war überzeugt, mit der Sprechkanüle, die während der Operation eingesetzt wurde, gut sprechen zu können. Außer dieser Operation gab es keine andere Möglichkeit, ihm zu helfen, er wäre sonst erstickt.

Er selbst konnte sich keine Vorwürfe machen, er hatte frühzeitig viele Ärzte aufgesucht.

Dieser Krebs sollte nicht rechtzeitig gefunden werden.

Silvester sahen wir uns das Feuerwerk durchs Fenster an, unseren Wunsch für das neue Jahr mussten wir nicht aussprechen. Wir hielten uns wortlos fest.

Von da an habe ich alle Zweifel beiseite geschoben, mein Mann würde diese Krankheit besiegen, er hatte immer alles geschafft.

Ich wollte für ihn stark sein, er WAR für mich stark.

Am Anfang war es leicht, mein Mann hat es mir leicht gemacht.

Er überstand die sechsstündige Operation überraschend gut. Er bekam eine Chemo- und eine Strahlentherapie, aber nicht in voller Stärke, sondern nur vorsorglich, denn der Professor hatte den Tumor komplett entfernen können. Mein Mann erholte sich schnell, er lernte das Sprechen mit der Sprechkanüle innerhalb weniger Tage, fast allein. Wenn er sprach, klang das fast wie seine alte Stimme, er war stolz.

Unser Sohn fragte ihn mal, ob es das alles wert gewesen sei (das Rauchen). Mein Mann hat fast ohne Zögern „Ja" gesagt. Ja zu dem Leben, wie er es gelebt hat. Ich war mir nicht sicher, ob das der Wahrheit entsprach. Aber der Gedanke, „wenn er doch nur nicht geraucht hätte, dann würde er jetzt noch leben", stellt sich mir nicht mehr, seit dem ich weiß, dass alles von seiner Seele genauso geplant war.

Um schnell wieder zu Kräften zu kommen, ging mein Mann stundenlang auf den Klinikflur entlang.

Wenn ich nachmittags kam, zeigte er mir auf dem Handy stolz, wie viele Schritte er geschafft hatte. Oft sind wir auch gemeinsam Hand in Hand durch die Flure gegangen.

In der Cafeteria kaufte mein Mann Duplos, weil er mitbekommen hatte, dass Ärzte und Schwestern keine Zeit zum Essen hatten.

Er machte auch schon wieder Späße. Einmal zog er einen Arztkittel an, der im Schwesternzimmer hing. Das Foto zeigte er gern auf seinem Handy.

Es sah alles so positiv aus, aber dann bildetet sich neben der Öffnung für die Kanüle eine Fistel, die lange nicht zuheilte. Doch auch das überstand er.

Chemo und Bestrahlungen hätte er ambulant machen können, doch er entschied sich dagegen. Wenn ich am späten Nachmittag nach Hause fahren wollte, ging er mit bis zum Ausgang. Wir winkten uns zu, bis wir uns nicht mehr sahen.

Ich sehe noch genau vor mir, wie er aus sah, mit seiner Schlafanzughose, seiner dunkelblauen Strickjacke und den Filzpantoffeln mit der Aufschrift „Hausherr". Ich hatte sie ihm fürs Krankenhaus gekauft.

Die letzten drei Wochen kam er dann doch immer für ein langes Wochenende nach Hause.

Als ich ihn das erste Mal abholte, fuhren wir direkt zum Porsche Händler, wo er sich einen neuen, gelben Porsche kaufte. Nach der schweren Zeit, die hinter ihm lag, konnte er sich wieder richtig freuen und ich mich mit ihm.

Bis zum Beginn der Reha waren es noch sechs Wochen. Wir versuchten wieder normal zu leben, ganz normal war es aber doch nicht. Die Sprechkanüle musste oft gereinigt werden und er musste inhalieren, aber er ließ sich nicht entmutigen, er überlegte sogar, wie das am besten im Urlaub funktionieren würde.

Alle freuten sich, ihn wieder zu sehen, denn im Krankenhaus hatte er keinen Besuch gewollt.

Aber er war jetzt schnell erschöpft, verständlich.

Zur Reha fuhr er selbst mit seinem neuen Porsche, Sonntags Abends fuhr er los und kam Freitags Nachmittag zurück.

Das war fast so, wie früher, als er noch im Außendienst war.

In der Reha tat er alles, um schnell wieder zu Kräften zu kommen, er verlängerte sogar noch mal um zwei Wochen. Aber in dieser Zeit kamen die Schmerzen wieder, die Ärzte in der Rehaklinik konnten nichts finden.

Als er wieder zu Hause war, wurden die Schmerzen schlimmer. Er bekam immer stärkere Schmerzmittel, die aber kaum halfen.

Seine Handbewegung von der Wange zum Ohr sah ich immer öfter, auch Nachts, wenn er vor Schmerzen nicht schlafen konnte.

Dann wollte er plötzlich von einem Tag auf den anderen nicht mehr mit uns zusammen am Tisch essen. Dann wollte er im Bett bleiben und auch da essen.

Heute weiß ich, dass er wieder starke Schluckbeschwerden hatte und es mir nicht zeigen wollte.

Wenn ich sein Tablett abräumte, zeigte er mir stolz, dass er alles aufgegessen hatte.

Ich kochte all seine Lieblingsgerichte, machte sogar das Bircher Müsli selbst. Er hatte es in der Reha gegessen, damit er wieder zunahm. Er wusste, dass er schon wieder abgenommen hatte. Zur Hochzeit seines Patenkindes zog er seinen schicken schwarzen Anzug an, die Hose war viel zu weit geworden, ich musste drei Löcher in den Gürtel stanzen.

Ich konnte nicht mehr schlafen, weil ich es nicht aushielt, neben ihm zu liegen, während er vor Schmerzen nicht schlafen konnte. Im Halbdunkel sah ich ständig seine Hand, die von der Wange zum Ohr strich.

Oft stand ich auf, wenn er kurz eingeschlafen war, weil ich ihn durch meine Bewegungen im Bett nicht wecken wollte. Ich versuchte, im Wohnzimmer zu schlafen, das hat natürlich auch nicht funktioniert, weil ich mit einem Ohr immer bei ihm war.

Seine letzten Tage zu Hause waren bestimmt von ständigen Schmerzen. Draußen war der wundervolle Sommer, für ihn gab es nur noch die Krankheit, die nach und nach seinen Körper zerstörte.

Dann kam das Wochenende vor dem ersten Kontrolltermin in der Klinik. Die Schmerzen waren so stark, dass ich sofort seine Tasche packen musste. Als ich damit fertig war, ging es ihm wieder etwas besser und er hielt durch bis Montag Morgen. Er fuhr sogar selbst mit seinem gelben Porsche in die Klinik, es war das letzte Mal, dass er sein Auto fahren konnte.

Er kam nie wieder nach Hause.

Die Diagnose nach der Kontrolluntersuchung in Vollnarkose war niederschmetternd, und er wird sie wohl auch geahnt haben. Der Krebs war zurück, und er war schon so groß wie ein Golfball.

Zwei Tage nach der Kontrolluntersuchung lief plötzlich das Wasser aus der Sprechkanüle, der Tumor war so groß, dass er nicht mehr richtig schlucken konnte. Der Arzt legte sofort eine vorläufige Magensonde durch die Nase, damit er essen und Trinken bekam. Mein Mann hat die Prozedur klaglos über sich ergehen lassen, nur seine Füße zuckten die ganze Zeit. Ich habe alles mit angesehen, der Schlauch der Sonde erschien mir viel zu groß.

Am nächsten Tag wurde die Magensonde operativ gelegt.

Eine Operation, um den Tumor zu entfernen, war so kurz nach den Bestrahlungen nicht möglich, das geschädigte Gewebe würde nicht heilen.

In dieser aussichtslosen Situation hatte der Professor die Idee, eine Metallkugel im Tumor zu platzieren, um ihn von innen zu zerstören. Dadurch wird allerdings auch das umliegende Gewebe geschädigt, aber es gab wie immer keine andere Möglichkeit meinem Mann zu helfen, sonst wäre er erstickt.

Nach diesem Eingriff begann die Schmerztherapie mit Morphium. Damals dachte ich, wenn der Tumor zerstört ist, hat er keine Schmerzen mehr und braucht auch kein Morphium. Aber das genaue Gegenteil war der Fall.

Der Eingriff gelang.

Und wieder schien es gut zu gehen, nach einigen Wochen war der Tumor nicht mehr nachweisbar. Doch seine Blutwerte besserten sich nicht. Dann bildete sich erneut eine Fistel, diesmal noch näher an der Sprechkanüle, es bestand die Gefahr, dass sie sich bis in die Öffnung ausweitet, denn sie wollte nicht heilen. Die einzige Möglichkeit, das zu verhindern, war eine Hauttransplantation, um die Wunde zu verschließen. Also wieder eine Operation und wieder erholte sich mein Mann.

Aber die große Wunde der Hauttransplantation heilte nicht, sondern musste ständig versorgt werden, weil sie nässte. Das bereitete ihm trotz Morphium große Schmerzen.

Wenn ich nachmittags bei ihm war, wollte er oft schon nach zwei Stunden, dass ich wieder nach Hause fuhr, weil er müde war.

Aber eine Schwester erzählte mir, dass er die Morphiumdosis Mittags reduzierte, weil er ganz wach sein wollte, wenn ich nachmittags kam.

Warum habe ich zugelassen, dass er mich wegschickte? Ich hätte bei ihm bleiben müssen! Er wollte stark sein vor mir und für mich, er wollte wach sein in „unserer" Zeit.

Einmal kam ein junger Mann ins Zimmer und stellte sich als Psychologe vor. Vermutlich wollte er mit uns über die Krankheit und den Tod sprechen.

Wir haben uns nur ganz kurz angesehen und ihn dann aus dem Zimmer geschickt.

Wir brauchten ihn nicht, wir hatten uns.

Wenn ich zu Hause war, war er allein, allein mit seinen Gedanken und seinen Schmerzen. Er konnte nicht mehr aufstehen, weil die Schmerzen unerträglich wurden, sobald er sich im Bett hinsetzte. Er litt unter Luftnot und Übelkeit. Davon hat er nichts gesagt, ich habe es nach seinem Tod in den Handynotizen gefunden, mit denen er sich mit den Ärzten verständigte. In diesen Notizen war auch das Protokoll der Kontrolluntersuchung, und Fotos des neuen Tumors, er wusste also alles. Ich hoffte stattdessen immer noch auf ein Wunder.

Die Schwestern übernahmen nun seine Körperpflege. Ich möchte mir nicht vorstellen, wie das für ihn gewesen ist. Mich bat er, Bart und Nägel zu schneiden.

Nach und nach verlor er seine Selbstbestimmung, es war grausam, das mit anzusehen.

Statt Schlafanzughose trug er jetzt ein Klinikhemd.

Einmal bat er mich seinen Bademantel so aufzuhängen, dass er ihn vom Bett aus sehen konnte. Er schrieb mir auf sein Handy: „ich muss mich daran erinnern, dass ich wieder laufen muss, damit ich zu Kräften komme."

Manchmal wünschte er sich, dass ich mich neben ihn lege, weil das fast wie Mittagsschlaf zu Hause sei. Seinen Wunsch habe ich ihm viel zu selten erfüllt, aber es kam dauernd jemand ins Zimmer. Der wahre Grund war aber, dass er mir im Bett Platz machen musste, und dafür musste er sich bewegen. Das allerdings verursachte immer starke Schmerzen und ich wollte nicht, dass er meinetwegen noch mehr Schmerzen hatte. Jetzt quälen mich Schuldgefühle, weil ich ihm seinen Wunsch nach Nähe so selten erfüllt habe. Das kann ich nie wieder gut machen.

Mein geliebter, starker Mann, der immer alles geschafft hatte und immer wusste, was zu tun war, hat nach und nach alles abgegeben, seine Stimme, seine Selbstständigkeit, seine Kleidung, sein eigenverantwortliches Leben, das ihm immer so wichtig war. Der Krebs hat unser Leben grausam verändert.

Er hat sich nie beklagt, aber seine Augen waren traurig und müde geworden.

Ich hatte Angst, in die Klinik zu fahren, weil es ihm immer schlechter ging, aber gleichzeitig konnte ich es auch nicht erwarten, endlich wieder bei ihm zu sein.

Zu Hause hatte ich Angst, wenn das Telefon klingelte und trotzdem habe ich immer noch gehofft, gehofft auf ein Wunder.

Vor ihm habe ich mich optimistisch gegeben, ich sagte, dass ich ihn jeden Tag besuchen würde, selbst wenn es noch Monate dauern würde, bis er wieder gesund sei.

Einmal sagte er: „aber die Fistel heilt nicht." Da habe ich das erste Mal Zweifel bei ihm gespürt. Manchmal war ich froh, wenn ich nach Hause fahren konnte. Ich ertrug es einfach nicht mehr, ihn so zu sehen. Und ich ertrug es nicht, dass ständig Ärzte bei ihm waren.

Ich konnte nach Hause, in mein „fast" normales Leben, er musste so viel ertragen und nicht einfach nach Hause gehen.

Ich habe erst viel später verstanden, dass auch ich in dieser Zeit körperlich und seelisch gelitten habe. Ich wollte mir das nicht eingestehen, ich habe für ihn „funktioniert".

Manchmal bin ich auf dem Rückweg von der Klinik für eine halbe Stunde in die Stadt gefahren, ich wollte normales Leben hören und sehen. Aber dann hatte ich sofort wieder Schuldgefühle.

Ich konnte nicht aufhören, an ihn zu denken.

Ich konnte auch nicht mehr schlafen, glücklicherweise gab es dafür Tabletten, ich weiß nicht, wie ich die Zeit sonst überstanden hätte.

Ich hatte auch keinen Hunger, unser Sohn sorgte dafür, dass ich etwas aß.

Es tut mir so leid, dass mein Mann alles mit sich allein ausgemacht hat. Er hat mir nie geschrieben, was er gedacht oder gefühlt hat. Vielleicht wäre es leichter für ihn gewesen, wenn er noch hätte sprechen können.

Er wusste, dass ich früher nie über den Tod sprechen wollte. Hat er deshalb nichts gesagt?

Vielleicht hat aber auch er bis zuletzt gehofft.

In seiner Patientenverfügung stand, dass er keine Schmerzen haben wollte, und dass er schlafen wollte. Also wollte er von allem nichts mitbekommen. Aber trotz immer höherer Morphiumdosen waren die Schmerzen nie ganz weg.

Er war jetzt immer müde. Einmal schrieb er mir: „Ich schlafe mich gesund." Das hatte in seiner Kindheit immer funktioniert.

Das Schreiben strengte ihn jetzt immer mehr an. Nach der ersten Operation konnte ich ganz gut von den Lippen ablesen, das half uns jetzt.

Er wollte nicht mehr fernsehen, eine Zeit lang las ich ihm aus der Zeitung vor, aber es interessierte ihn nicht wirklich. Von da an habe ich auch nichts mehr von zu Hause erzählt, ich wollte ihn nicht traurig machen.

Er musste immer noch viele Untersuchungen aushalten, dazu kamen ständige Infusionen und Blutentnahmen. Die Schwestern fanden oft keine Vene mehr, dann musste jedes Mal ein Arzt kommen.

Dann wurde die Sprechkanüle durch eine reine Atemkanüle ausgetauscht, sie war größer und musste zum Reinigen mehrmals am Tag entfernt werden. Das Wiedereinsetzen war für einige Schwestern problematisch und deshalb für meinen Mann sehr unangenehm.

Weil er nicht mehr sprechen konnte, wurde sein Handy oder ein Schreibblock die einzige Möglichkeit, sich zu verständigen.

Es ging ihm immer schlechter und es tat so weh, das anzusehen. Ich habe mich trotzdem noch an meine Hoffnung geklammert und den Tod verdrängt. Vermutlich hätte ich an seinem Bett wohl nur noch geweint, aber ich wollte für ihn stark sein.

Ein Arzt sagte mir später, dass mein Mann sich über jeden Tag gefreut hat, den er noch erlebt hat. Kaum vorstellbar, sein Leben war in meinen Augen eine einzige Qual.

*Vielleicht bedeutet Liebe auch, jemanden gehen zu lassen, wissen wann es Abschied nehmen heißt, nicht zulassen, dass unsere Gefühle dem im Weg stehen, was am Ende wahrscheinlich besser ist, für den, den wir lieben.*

Vier Wochen vor seinem Tod hatte er eine Notoperation. Seine Halsschlagader war gerissen, er wäre fast verblutet. Als es geschah, hatte er kurz zuvor mit unserem Sohn über das Handy geschrieben. Es ging um etwas Geschäftliches. Ich wusste das und wollte ihn danach anrufen. Er war nicht erreichbar, so oft ich es auch versuchte. A1s ich im Schwesternzimmer anrief, erfuhr ich, was geschehen war. Es hatte noch niemand Zeit gehabt, mich anzurufen.

Er hat die Angst allein erlebt. Er ist sogar noch selbst aufgestanden, obwohl er so schwach war. Eine Patientin hat ihn zufällig gesehen und sofort eine Schwester geholt.

Ein Gefäßchirurg konnte die Ader verschließen, aber er sagte mir danach, dass das jederzeit wieder passieren könnte. Die Ader war durch die letzte extrem starke Bestrahlung porös geworden. Er sollte recht behalten. Die Ader riss noch drei Mal und jedes Mal war wieder eine Notoperation nötig.

Nach der zweiten Notoperation besuchte ich meinen Mann auf der Intensivstation. Ein Pfleger wollte gerade sein Bett beziehen und fragte meinen Mann, ob er kurz auf der Bettkante sitzen könne. Mein Mann nickte. Der Pfleger zog ihm das Klinikhemd aus, aber nicht gleich wieder ein neues an. Da saß mein Mann, zitternd vor Schwäche und vor Kälte, denn es war so kalt im Zimmer der Intensivstation.

Mein Mann bemühte sich, aufrecht zu sitzen, er sah mich nicht an, überall waren Schläuche.

Ich hatte ihn schon länger nicht mehr nackt gesehen, er war erschreckend mager geworden. Die ganze Situation war so würdelos, warum zog der Pfleger ihm nicht erst das Hemd an und machte dann das Bett?

Ich fühlte plötzlich den starken Impuls, den Körper meines Mannes mit meinem zu bedecken, aber ich habe mal wieder nicht auf meine innere Stimme gehört. Ich werde diesen Augenblick nie vergessen.

Bei der vierten Notoperation musste der Gefäßchirurg meinem Mann eine Beinvene entnehmen, um damit eine Art Bypass um die gerissene Ader zu legen. Etwas anderes war nicht mehr möglich.

Die Operation dauerte fünf Stunden, danach war mein Mann linksseitig gelähmt.

Ich war wieder nicht da, als es geschah, aber ich wurde angerufen. Der Oberarzt bat mich um ein Gespräch, bevor ich zu meinem Mann ging.

Wenn ich gewusst hätte, was mich bei meinem Mann erwartet, hätte ich dem niemals zugestimmt.

Der Arzt erklärte mir, dass die Ader immer wieder reißen würde, es gab keine Hoffnung mehr. Es gab aber eine Möglichkeit sein Leiden zu beenden. Wenn die künstliche Ernährung sofort abgesetzt wird, stirbt mein Mann nach drei Tagen. Dafür brauchte der Arzt meine Zustimmung und ich habe ohne zu zögern zugestimmt. In diesem Moment wollte ich nur noch, dass sein Leiden aufhört.

Wenn ich gewusst hätte, dass er schon am nächsten Tag die Augen nicht mehr öffnen konnte, hätte ich nicht so schnell zugestimmt. Ich hätte vielleicht noch um einen weiteren Tag gebeten. Es war ein unwirkliches Gefühl – ich hatte gerade den Zeitpunkt seines Todes bestimmt.

Damals ahnte ich nicht, welche Schuldgefühle das in mir auslösen würde.

*Es ist Erlösung, sagt der Verstand,*
*es ist zu früh, sagt das Herz,*
*du fehlst, sagt die Liebe,*
*es ist Gottes Wille, sagt der Glaube,*
*doch wer sagt, so ist das Leben,*
*weiß nicht, wie weh das tut.*

Nach dem Gespräch mit dem Arzt wollte ich endlich zu meinem Mann.

Was ich gerade entschieden hatte, war plötzlich ganz weit weg.

Schon vor seiner Tür auf der Intensivstation hörte ich ein ständiges metallisches Klopfen. Mein Mann schlug mit seiner festgebundenen Hand immer wieder gegen das Bett. In seinen Augen waren Panik und Verzweiflung.

Ich war fassungslos und wollte sofort einen Arzt sprechen. Ich hatte eben erst erfahren, dass mein Mann linksseitig gelähmt war und jetzt sagte mir der Pfleger, mein Mann habe versucht, aus dem Bett zu steigen. Wie hätte er das wohl machen sollen?

Dem Arzt erklärte ich, wofür mein Mann seine rechte Hand brauchte für das Streichen über die Wange bis zum Ohr. Diese Bewegung hatte er sich in der Zeit seiner Krankheit angewöhnt, vielleicht hat es ihn irgendwie beruhigt. Der Arzt entfernte die Bänder sofort.

Mein Mann wirkte verwirrt, er wollte etwas aufschreiben. Da stand: „ich brauche frische Luft." Vielleicht hatte er Probleme mit dem atmen. Ich verstand nicht wirklich, was er wollte und er konnte es nicht erklären. Es war grausam.

Ich wollte bei ihm bleiben, aber es gab Vorschriften auf der Intensivstation, an die ich mich halten musste.

Warum habe ich nicht darauf bestanden, zu bleiben? Ich hätte sagen müssen, dass er in drei Tagen stirbt. Ich habe es nicht getan.

Als ich mich von ihm verabschiedete, sah ich das letzte Mal seine Augen.

Am nächsten Tag war alles anders. Es war der erste von den drei letzten Tagen.

Er lag wieder in seinem gewohnten Zimmer, es gab keine Überwachung mehr, keine künstliche Ernährung, nur noch Sauerstoff und Wasser in die Vene.

Als ich ihn ansprach, konnte er die Augen nicht mehr öffnen. Aber er drückte meine Hand so fest er konnte. Das war unser Abschied, danach war er nicht mehr ansprechbar.

Was hat er gefühlt, als er merkte, dass er zu schwach war um die Augen zu öffnen?

Als er mich nur noch hören und fühlen konnte?

Wenn ich doch nur noch um einen zusätzlichen Tag gebeten hätte, vielleicht hätte er mich noch anschauen können und ich ihn. Ich hätte ihm noch etwas sagen können.

Das quält mich, obwohl ich jetzt weiß, dass unsere Geistführer uns so geschützt haben, so war es für uns am besten.

Abends verabschiedete ich mich wie immer, aber es war nicht wie immer, es waren die letzten drei Tage seines Lebens.

In seinem Zimmer stand jetzt auch ein Bett für mich, aber ich wollte dort nicht schlafen, ich wollte nach Hause, mich umziehen und frisch machen. Wie unwichtig war das. Ich hätte bei ihm schlafen müssen, hätte ich mich doch nur neben ihn gelegt.

Am Morgen des dritten Tages waren unser Sohn und ich schon früh im Krankenhaus. Ich hatte es zu Hause nicht mehr ausgehalten, ich wollte zu ihm. Und trotzdem habe ich nicht daran gedacht, dass es der letzte von den drei Tagen war. Ich weiß nicht mehr, was ich überhaupt gedacht habe. Er hatte plötzlich hohes Fieber, am Nachmittag waren seine Füße dann eiskalt. Ich legte eine zusätzliche Decke über seine Füße, er hatte kalte Füße immer gehasst.

Damals wusste ich nicht, dass all das zum Sterbeprozess gehört.

Ich setzte mich neben ihn auf sein Bett, nahm ihn in meine Arme und sagte immer wieder „ich bin da, ich lasse dich nicht allein."

Als ich seine Hand ansah, bemerkte ich, dass sein Ehering nicht an seinem Finger war. Er war nach der letzten Operation noch im Schwesternzimmer.

Ich steckte ihm den Ring wieder an, das hatte ich zuletzt am Tag unserer Hochzeit getan, jetzt tat ich es an seinem Sterbetag. Es war wie ein neues Eheversprechen. Er hat den Ring mit im Sarg, heute hätte ich diesen Ring gerne bei mir, als Andenken, damals wollte ich, dass er ihn trägt. Am Nachmittag spielte ich ihm auf dem Handy eins seiner Lieblingsstücke vor: die Moldau von Smetana.

Als es dunkel wurde, zündeten unser Sohn und ich eine Kerze an, das hatten wir schon in den Tagen davor gemacht. Mein Mann atmete jetzt sehr schnell, auch sein Herz schlug sehr schnell. Um 19.30 Uhr wollte ich plötzlich unbedingt nach Hause. Ich verabschiedete mich von meinem Mann, und sagte, dass ich am nächsten Tag wiederkommen würde.

Dass es nur noch diesen Tag, diese Stunden gab, habe ich völlig ausgeblendet.

Unser Sohn war zwar erstaunt, aber er fuhr mich nach Hause.

Er hat mich nicht zurückgehalten, und genau das habe ich ihm später vorgeworfen.

Wäre ich nur nicht gegangen, hätte ich meinen Mann doch nur noch mal in den Arm genommen.

Ich hätte seinen lebendigen Körper gespürt.

Wir brauchten 30 Minuten bis nach Hause. Als wir zehn Minuten in der Wohnung waren, klingelte das Telefon. Mein Mann war gestorben.

Es war der dritte Tag, ich hatte versprochen ihn nicht allein zu lassen, ich hatte mein Versprechen nicht gehalten. Er starb ganz allein, niemand war bei ihm, nicht einmal eine Schwester.

Ich hasste mich dafür.

Heute weiß ich, dass er ganz und gar nicht allein war. Es war alles ganz anders.

Ich erinnere mich daran, dass ich an seinem Sterbetag eine merkwürdige Scheu spürte, eine Art Ehrfurcht vor meinem Mann. Vor dem, was da mit ihm geschah. Er strahlte Würde aus.

Damals wollte ich ihn nicht allein lassen, aber sein Geistführer und mein Geistführer gaben mir gemeinsam den starken Impuls zu gehen, damit mein Mann leichter gehen konnte.

Sie wussten, dass der Abschied sonst für uns zu schmerzhaft gewesen wäre.

Im Augenblick des Todes waren wir so beide geschützt. So hat es mir mein Mann in einem Jenseitskontakt erklärt.

Wir waren es auch während der gesamten Krankheit, damit wir alles ertragen konnten.

Als unser Sohn und ich zurück in sein Zimmer kamen, lag er da wie immer. Sein Kopf war leicht in Richtung Tür geneigt, als ob er uns erwartet.

Ich nahm ihn in meine Arme und sagte: „komm zurück", und wusste doch gleichzeitig, dass er nie mehr zurück kommen würde.

Alles war so unwirklich. Wir sollten Abschied nehmen.

Danach kamen zwei Schwestern, sie entfernten alle Schläuche und die Sprechkanüle und zogen ihm ein frisches Hemd an.

Das hätte ich für ihn tun müssen, stattdessen habe ich mich aus dem Zimmer schicken lassen. Aber so habe ich wenigstens nicht gesehen, wie sie seine Sachen in eine große Krankenhaustüte packten. Mit dieser Tüte fuhren wir letztes Mal vom Krankenhaus nach Hause.

Ich ließ meinen Mann allein zurück, so fühlte es sich an. Ich würde nie wieder seinen warmen Körper spüren.

Sein Kampf gegen die Krankheit dauerte fast 18 Monate, mein Mann wurde nur 66 Jahre alt. Ich muss irgendwie versuchen, die schlimmen Erinnerungen zu ertragen. Vergessen werde ich sie nie.

Warum ist das alles geschehen?

Heute weiß ich die Antwort.

Es war sein Lebensplan, seine Seele wollte genau das erleben.

*Wenn du traurig bist, dann schau in dein Herz*
*und du wirst erkennen, dass du weinst,*
*um das, was dir Freude bereitet.*

*Khalid Gibran*

# Abschied

Eigentlich geht es doch immer irgendwie um Abschied. Abschied von Gewohnheiten, von der Jugend, Abschied von Träumen, Abschied von einem Menschen. Die Liste lässt sich beliebig verlängern. Am Ende ist es der Abschied vom eigenen Leben.

Der endgültige Abschied von einem geliebten Menschen aber ist unfassbar anders.

Man will und kann es eigentlich nicht akzeptieren, es ist nichts mehr wie zuvor.

Es ist der Abschied von ALLEM.

Unsere Liebe begann gleich mit einem Abschied: eine Woche nach unserem Kennenlernen fuhren wir getrennt mit Freunden in den Urlaub. Wir wären schon da gerne zusammen gefahren.

In unserer Ehe waren Abschiede dann ganz normal. Mein Mann war beruflich oft tagelang weg, später war er dann stundenlang im Büro in unserem Haus. Trotzdem verabschiedeten wir uns immer mit einem Kuss und einer Umarmung. Es waren Abschiede mit der Gewissheit, dass wir uns wieder sahen. Auch wenn es diese Gewissheit auch damals eigentlich nicht gab, denn uns beiden konnte immer etwas geschehen, aber im täglichen Leben denkt man selten daran. Als er krank wurde, verabschiedeten wir uns, wenn er zu Ärzten oder Untersuchungen ins Krankenhaus fuhr. Wir taten es auch, als er das letzte Mal selbst mit dem Auto in die Klinik fuhr.

Im Krankenhaus verabschiedeten wir uns, wenn ich wieder nach Hause fuhr, und dann Abends nochmal am Telefon.

An seinem letzten Lebenstag verabschiedete ich mich so von ihm, als ob er am nächsten Tag noch leben würde. Vom Verstand her wusste ich, dass es nicht sein konnte, aber mein Herz hat alles ausgeblendet. Einen endgültigen Abschied von ihm konnte und wollte ich mir nicht vorstellen.

Aber es ist geschehen, und es gibt nichts, was hilft, das auszuhalten, auch nicht das Ritual der Abschiedsfeier mit Familie, Freunden und Bekannten, mit dem grausamen Namen Beerdigung.

Darüber möchte man nicht nachdenken.

Es gibt so viele andere Dinge, über die man plötzlich nachdenken muss, die man regeln muss. Über Todesanzeigen, Trauerkarten, Abschiedsfeier, Trauerredner, Blumenschmuck, Musikauswahl und dem Aussuchen des Sarges ging es weiter. Was sollte mein Mann im Sarg anhaben? Viele andere Ding übernahm zum Glück der Bestatter, es war so viel, dass ich bestimmt einiges vergessen hätte.

Den Tag des letzten, schmerzhaften Abschieds habe ich irgendwie überstanden, auch dank vieler Baldrian-Tabletten. Weinen konnte ich nicht, aber ich wünschte mir, dass alle Anwesenden um ihn weinen.

Das übliche Kaffeetrinken fiel aus, weil ich wusste, dass mein Mann das nicht mochte und ich auch nicht. Ich habe bestimmt viele damit brüskiert, aber das war mir egal.

Nach den vielen Beileidsbekundungen am Grab wollte ich nur noch nach Hause und allein sein. Da war er also, der endgültige Abschied. Der Abschied von seinem Körper, seiner Stimme, seiner Zärtlichkeit, der Geborgenheit, die er mir gegeben hatte.

In der normalen Welt um mich herum ging alles unverändert weiter, aber für mich war nichts mehr normal.

Es war der Abschied von unserem gemeinsamen Leben, und doch ging es für uns gemeinsam weiter, allerdings ganz anders, als ich es mir je hätte vorstellen können.

Es gab gar keinen wirklichen Abschied.

Für mich begann etwas völlig Neues, etwas, dass berührend und unglaublich war, und voller Liebe.

Es war der Beginn unseres neuen, gemeinsamen Lebens.

Es war der Beginn unserer neuen Liebe.

Meine Trauer heilt nach und nach mit seiner Hilfe, mit seiner Nähe und seinen Zeichen, mit denen er mir zeigt, dass er an mich denkt.

Wir hatten wundervolle, berührende Kontakte mit der Hilfe eines Jenseitsmediums und konnten über alles „sprechen".

Aus einem, auf den ersten Blick grausamen, traurigen Abschied, ist für uns beide etwas sehr Schönes geworden. Etwas, dass die körperliche Trennung erträglicher macht. Es ist die Gewissheit, dass er immer in meiner Nähe ist und alles mitbekommt.

Es ist nur eine andere Form der Liebe. Die Liebe selbst wird nie aufhören.

Wir sehen uns wieder, wie nach jedem Abschied.

# Abschied ist ein scharfes Schwert

Als ich das Kapitel Abschied schrieb, hatte ich dauernd den Titel eines Liedes im Kopf.

Ich kannte weder Sänger, Text noch Melodie. Also mal wieder googeln. Roger Whittaker ist der Sänger. Beim Lesen des Textes ging es mir fast so, wie bei den Liedern, die mein Mann mir durchgegeben hat: der Inhalt passt zu uns.

Es geht um die Liebe, die schönste Zeit im Leben, die irgendwann vorbei geht. Der Abschied ist wie ein scharfer Schnitt mitten ins Herz. Man will stark sein und hat doch nur Tränen. Es bleiben die Erinnerungen und das Alleinsein.

Ich denke, dass mein Mann oder die geistige Welt mir den Hinweis zu diesem Lied gegeben haben.

*Es ist nie der richtige Zeitpunkt.*
*Es ist nie der richtige Tag.*
*Es ist nie alles gesagt.*
*Es ist immer zu früh.*
*Und doch sind da Erinnerungen, Gedanken, Gefühle und*
*schöne Stunden, die einzigartig und unvergessen bleiben.*
*Diese Momente bewahren wir für immer*
*in unseren Herzen.*

# Leben danach

*Und immer sind da Spuren deines Lebens, Gedanken,*
*Bilder und Augenblicke. Sie werden mich an dich erinnern,*
*mich glücklich und traurig machen,*
*und dich nie vergessen lassen.*

Mein Lebensmittelpunkt ist gegangen, alles ist anders.
Das ganze Leben ist anders. Ich versuche, das alte Leben
irgendwie weiter zu leben: wenigstens die alten Strukturen
beizubehalten. Ich merke, dass mir das irgendwie Halt gibt.

Kurz nach dem Aufwachen ist für einen Moment alles gut, aber dann kommt schlagartig die Gewissheit, er
ist nicht mehr da, er kommt nie wieder, das Wort NIE
hat plötzlich eine ganz andere Bedeutung. Ich will, dass
er wiederkommt!

Jeder Anlass, jeder Gedanke ruft sofort Erinnerungen
hervor, es gibt kein Entrinnen. Es gibt kein gemeinsames Leben mehr, keine Gespräche, keine Umarmungen,
keine Freude, keine Liebe. Und es gibt nichts, was hilft.

Ich muss es aushalten.

Da sind die ständigen Gedanken: habe ich ihn genug
geliebt, habe ich ihm das genug gezeigt, gab es versäumte
Pflichten, bin ich ihm etwas schuldig geblieben an Zeit,
Aufmerksamkeit, Unterstützung?

Habe ich in unserer Ehe Fehler gemacht? War er glücklich mit mir? All das kann ich ihn nie mehr fragen. Früher
haben wir über diese Dinge nicht gesprochen, es war alles
so selbstverständlich. Jetzt erscheinen sie mir wichtig.

Ich kann nichts mehr gutmachen, ich möchte die Zeit
zurück drehen.

Im Krankenhaus war er allein mit seinen Ängsten und Schmerzen, ich konnte nach Hause fahren in meine fast heile Welt.

Er war der Krankheit und den Ärzten und Schwestern ausgeliefert, dagegen konnte ich nichts tun.

Ich denke darüber nach, was er gefühlt und gedacht hat, wenn er allein war. Ich kann ihn nie wieder trösten.

Ich versuche, mich mit Arbeit abzulenken. In der Zeit seiner Krankheit ist vieles unerledigt geblieben.

Ich würde so gerne über ihn sprechen, über die Krankheit, über all das Geschehene im Krankenhaus, aber ich spüre, dass niemand mit mir darüber sprechen will.

Stattdessen bekomme ich gut gemeinte Ratschläge, zum Beispiel den, mir doch einen Hund anzuschaffen, damit ich nicht so allein bin.

Ich bitte Freunde und Bekannte mir Fotos zu geben, die ich von meinem Mann noch nicht kenne. Ich will von anderen etwas über ihn erfahren, was ich noch nicht weiß, auch über die Zeit, als wir uns noch nicht kannten. Seine Eltern kann ich nicht mehr fragen, sie sind beide tot.

Ich will alles über seine Krankheit wissen: über das, was geschehen ist, als ich nicht bei ihm war. Der Professor hat sich Zeit genommen und meine Fragen beantwortet. Im persönlichen Gespräch und am Telefon, dafür bin ich sehr dankbar.

*Wirklich stark sein bedeutet, an das Geschehene zu denken, über das Gewesene zu sprechen, bis unsere Trauer beginnt erträglich zu werden. Das ist wirkliche Stärke und nur so wird stark sein uns Heilung bringen.*

Der Professor sagte mir, dass sich Männer während einer lebensbedrohenden Krankheit oft ganz anders verhalten als Frauen. Sie wollen stark sein und nicht über ihre Gefühle sprechen.

Mein Mann sagte immer, dass wir positiv denken müssen. Aber hat er sich Gedanken über den Tod gemacht? Er wusste viel mehr über seine Krankheit, als er mir gesagt hat. Als ein Arzt mir sagte, dass mein Mann schwer krank sei, wollte ich das nicht wahr haben. Er würde es schaffen. Ich wollte hoffen, während Ärzte und Schwestern wussten, dass Krebs, der in so kurzer Zeit wieder da ist, immer schnell zum Tod führt.

Die Ärzte taten zwar alles, was möglich und nötig war, aber die letzten Operationen haben sein Leiden eigentlich nur verlängert.

Ich muss jetzt viel ändern und klären. Da sind die Krankenhausrechnungen, die immer noch kommen, die Versicherungen, unser Geschäft.

Wenn ich seine Aktenordner öffne, weil ich etwas suche, ist es jedes Mal wie ein Stich ins Herz: wenn ich seine handschriftlichen Vermerke sehe. Lange konnte ich das nicht aushalten und habe die Ordner weggelegt, aber irgendwann mussten die Dinge erledigt werden.

Jetzt sehe ichwie gut er vorgesorgt hat.

Unser Testament hat er mit 60 Jahren gemacht, genau wie seine Eltern.

Ich wollte damals nichts davon hören, das war ja so wie der Anfang vom Ende.

Ich musste mich an seine Art der Ordnung und Ablage gewöhnen. Die Buchhaltung hatte er immer selbst gemacht, er wollte keine Hilfe, es war seine Aufgabe.

Manches werde ich aussortieren, weil er wirklich alles abgeheftet hat und die Ordner randvoll sind. Aber nicht jetzt, vielleicht irgendwann.

Ich beneide Paare in unserem Alter, sie dürfen gemeinsam leben.

Beim Einkaufen sehe ich Männer in seinem Alter, ich überlege, ob sie wohl allein leben. Dann denke ich, dass es besser ist, dass er vor mir gegangen ist. Ich möchte mir nicht vorstellen, dass er allein leben muss.

Ich beneide junge Paare, sie haben ihr Leben noch vor sich. Ich möchte unser Leben noch einmal leben!

*Geliebter Mann, es ist so traurig, dass du nicht mehr da bist, mich nicht mehr anlächelst, nicht mehr „Mäusi" zu mir sagst, dass wir nichts mehr zusammen machen können. Nicht mehr stundenlang miteinander sprechen können, nicht mehr stundenlang Auto fahren, uns nie mehr berühren, nie mehr fühlen können.*

*Warum bist du gegangen, als es am schönsten war?*

Es wurde Zeit, dass ich mir Gedanken über seinen Grabstein machte. Er sollte so außergewöhnlich sein wie mein Mann. Tagsüber lebte ich fast normal, aber Abends und Nachts weinte ich oft so lange, bis ich vor Erschöpfung einschlief. Dann musste ich wenigstens nicht mehr denken.

Ich schlief oft in seinem Bett, aber das Kissen roch nicht mehr nach ihm. Er hatte schon zu lange nicht mehr darauf gelegen.

An der Garderobe hing seine Lederjacke (das ist übrigens immer noch so), jedes Mal, wenn ich daran vorbei ging, strich ich über das Innenfutter. Auch die Jacke roch nicht mehr nach ihm.

Die Filzpantoffeln mit der Aufschrift „Hausherr" stehen auch heute noch an der Garderobe, ich hatte sie ihm extra fürs Krankenhaus gekauft.

Als die Schlagader das erste Mal riss, war das Blut auf die Pantoffeln geflossen. Ich habe sie sauber gemacht, sie sahen fast aus wie neu, aber er hat sie nie wieder angezogen.

Seine Sachen sind überall, aber ich kann nichts wegräumen.

Ich sehe sein Foto an, und weiß, wie sich seine Haut anfühlte, wenn ich sein Gesicht berührte. Ich sehe seine Augen, es kann einfach nicht sein, dass er nicht mehr da ist!

Ich vermisse seine Wärme, seine Nähe.

Ich erinnere mich an das Geräusch seines Atems, wenn er schlief. Wenn ich nicht schlafen konnte, habe ich manchmal beobachtet, wie sein Herz pochte.

Ich vermisse den Duft seine Parfums, den man noch Abends riechen konnte. Manchmal sprühe ich etwas von seinem Parfum auf sein Kissen und rieche daran, aber es riecht trotzdem nicht genauso wie bei ihm.

Ich stelle überall Fotos von ihm auf, so kann ich ihn immer sehen.

Im Badezimmerschrank stehen die Dinge, die er immer benutzt hat, sein Bademantel hängt wie immer am Haken.

Eins seiner Lieblingshemden, eine Hose und seine italienischen Lederschuhe liegen verpackt unter meiner Matratze im Bettkasten, ganz nah bei mir.

Alle anderen Sachen sind im Schrank, ich kann nichts wegräumen, nichts weg geben.

Wenn ich lese, oder fernsehe, genügt ein kleiner Hinweis, ein Bild und ich sehe unser Leben, und was wir an dem Ort gemacht haben. Ich sehe die Wege, die wir gegangen sind, genau vor mir. Eigentlich sehe ich alles vor mir, wie einen Film.

Ich sehne mich nach seinen Ideen, nach seinem Tatendrang, seinen Plänen, seinem Humor, seinem Optimismus.

Manchmal wünsche ich mir, auf seinem Handy irgendeine Nachricht von ihm zu finden, oder eine Aufzeichnung mit seiner Stimme, als er noch sprechen konnte.

Ich denke an unsere Urlaube, die schon anfingen, wenn wir ins Auto einstiegen. Es war so schön, neben ihm zu sitzen, ich hätte tagelang so mit ihm fahren können, ohne Pause.

Unsere Erinnerungen können wir nicht mehr teilen. Gemeinsame Festtage – was ist davon jetzt noch von Bedeutung?

Unsere ganz eigene Sprache kann ich mit niemandem mehr sprechen. Ich bin der einzige Bewahrer unserer Erinnerungen.

Die letzten schlimmen Erinnerungen überschatten die schönen Erinnerungen, ich werde nie mehr so fühlen, wie vorher, egal wie viel Zeit vergeht.

Gemeinsame Zeit, Zeit mit Freunden – ich vermisse, wie es sich anfühlte, als wir noch zu zweit waren.

Es gibt keine Worte, die ausdrücken können, wie sehr ich ihn liebe, wie sehr ich ihn vermisse.

Manchmal fühlt es sich so an, wie Schwimmen im offenen Meer: ich versuche irgendwie den Kopf über Wasser zu halten.

*Welle des Kummers ertränk mich jetzt nicht, ich sehe das Eiland noch vorne im Licht, ich sehe das Eiland und hell ist sein Strand, Welle des Kummers bring mich an Land.*

Warum musste er so früh gehen?

Ich bin nur noch traurig.

Die letzten Jahre waren immer besser geworden, warum musste es so enden? Ich fühle die Liebe für ihn oft so stark, dass mir die Tränen kommen. Es ist, als ob die Tränen unsere Verbindung sind.

Er war und ist meine große Liebe, es wird nie wieder einen anderen Mann für mich geben.

Mit ihm habe ich mich sicher und geborgen gefühlt, alles war so selbstverständlich. Es hätte immer so weiter gehen sollen. Warum habe ich ihm das nie gesagt, als er noch gelebt hat?

Einmal habe ich mich bei ihm bedankt, für all das Schöne, dass ich mit ihm erlebt habe.

Er hat gelächelt. Heute bin ich froh, dass ich ihm wenigstens das gesagt habe. Ich war so stolz auf ihn, ich habe ihn bewundert. Er wusste immer, was zu tun war.

Mir fehlt unsere Vertrautheit.

Ich lebe jetzt von dem Geld, für das er so hart gearbeitet hat. Wir wollten unser Alter genießen, gemeinsam genießen. Er kann es nicht mehr.

Er hat alles mit so viel Leben erfüllt, jetzt ist da nur noch Leere.

Er ist überall NICHT; zurück bleibt die unstillbare Sehnsucht nach der Zeit, die nie wieder kommen wird.

Er hat seine Krankheit angenommen, nach außen ruhig und tapfer, ohne sich jemals zu beklagen.

Die Zeit im Krankenhaus kann ich wie einen Film ständig vor mir sehen. Ich kenne jede Einzelheit außer der Zeit, in der ich nicht bei ihm war. Das ist ein grausames Gefühl, das noch zu allen anderen Gefühlen dazu kommt.

Die Liebe zu ihm, die ich jetzt fühle, ist eine Mischung aus Sehnsucht, Liebe und Schmerz. Sie breitet sich vom Herzen über den ganzen Körper aus und ist immer mit Tränen verbunden. Anfangs waren Trauer und Schmerz auch stark körperlich spürbar.

Manchmal möchte ich gar nicht, dass der Schmerz irgendwann vergeht. Das wäre so, als ob ich nicht mehr trauern würde.

Sein Handy ist jetzt mein Handy. Ich habe Angst, dass es irgendwann nicht mehr funktioniert. Auf dem Handy sind unsere Fotos und unsere „Gespräche" über Skype, allerdings ohne Bild. Als er in den letzten Wochen nicht mehr sprechen konnte, haben wir uns Abends so „unterhalten".

Das Handy war unsere letzte Verbindung, merkwürdig, dass ich so etwas sage. Ich hüte das Handy wie einen Schatz, wenn ich es manchmal nicht sofort finde, bekomme ich Panik.

Mein Mann hat das Leben gemeistert, er hat mir immer Mut gemacht, er hat mir so viel gegeben, er hat alles für mich getan, er hat mich verändert, er hat mich stark gemacht, er hat mir die Lebensfreude gezeigt. Ich bin stolz auf ihn, ich bin ihm dankbar. Er hat so viele Dinge gesagt, die im Nachhinein zutreffend sind. Dank seiner Vorsorge kann ich sorgenfrei leben.

Er ist für immer mein Mann, ich werde ihn immer lieben.

Alles Schöne ist vorbei, wie soll ich weiter leben?

Wir hatten so ein schönes Leben, es war reich an Erlebnissen, Ereignissen und Erfahrungen.

Manchmal ärgere ich mich, dass ich nicht mehr Fotos gemacht habe, aber er sagte immer: „Du musst alles im

Kopf haben." Wie recht er hatte, wenn ich jetzt die Augen schließe, sehe ich unser Leben vor mir.

Eigentlich möchte ich noch einmal an die Orte, wo wir so glücklich waren, aber gleichzeitig weiß ich, dass ich das ohne ihn nicht ertragen könnte.

Ich berühre Dinge, die er oft in der Hand hatte, die Fernbedienung, seine Brille, seine Armbanduhr, seine Autoschlüssel.

Ich habe jetzt viel Zeit zum Putzen, aber da ist auch dieses schreckliche Gefühl, damit auch noch seine letzten Spuren weg zu putzen.

Ich rieche an Dingen von ihm, die man nicht waschen kann, aber es riecht nichts mehr nach ihm.

Tagsüber schaffe ich es, mich „normal" zu verhalten, aber Abends und Nachts gehört die Trauer mir allein.

Manchmal habe ich Angst, etwas von ihm zu vergessen, obwohl ich mich an alles erinnern kann.

Warum habe ich so gelebt, als ob es immer so weiter gehen würde?

Ich hätte jede Sekunde genießen müssen, ich möchte ihm so gerne noch mal in die Augen schauen, und ihm sagen, wie sehr ich ihn liebe. Ich möchte ihn noch einmal in die Arme nehmen und ganz fest halten.

Er hatte immer so viel Spaß am Leben, er war in allen Dingen mein Halt.

Von ihm habe ich gelernt, das Leben zu genießen, es zu lieben und es so anzunehmen, wie es kommt.

Von jetzt an gehört die Trauer zu meinem Leben, und sie wird bleiben.

Wir wollten in der Wohnung einiges verändern und neu anschaffen. Ich kann nichts verändern, weil alles Erinnerung ist.

Er ist überall NICHT. Seine Sachen sind da, sein Oldtimer steht in der Garage, seine Firma besteht, sein Name bleibt, aber unser gemeinsames Leben ist vorbei.

Unsere Erinnerungen können wir nicht mehr teilen. Ich vermisse das, was wir gemeinsam waren. Ich habe Angst vor der Zukunft ohne ihn.

Sein Gehen bedeutet das Ende unserer Pläne und Träume.

Es gibt kein WIR mehr. Es wird nie mehr so, wie es war.

Ich begreife, was ich wirklich verloren habe. Ich bin allein, mitten im Leben.

Mein Leben ist von jetzt an immer ein „LEBEN DANACH".


*Geliebter Mann,*

*du hast mir immer Mut gemacht, du hast mir so viel gegeben. Habe ich dir genug gegeben? Du hast mich verändert, wir haben beide voneinander gelernt, wir haben im jeweils Anderen bewundert, was wir selbst nicht hatten. Du hast mich stark gemacht, ich war so stolz auf dich.*
*Du warst ein wunderbarer liebevoller Mann.*
*Ich möchte, dass du glücklich bist. Du bist für immer mein Mann.*

*Deine Mäusi*


*Trauer ist die andere Seite der Liebe. So, wie die Liebe ein Leben lang bleibt, bleibt die Sehnsucht ein Leben lang.*

# Etwas geschieht

*Ich bin nicht tot,*
*ich wechsle nur die Räume,*
*ich leb' in euch,*
*ich geh durch eure Träume.*

Nachdem mein Mann gestorben war, begann ich alle Gedanken und Gefühle aufzuschreiben. Ich wusste nicht, warum ich das tat. Ich schrieb meistens Abends oder Nachts wenn ich nicht schlafen konnte.

Ich machte mir auch über sein Sterben Gedanken. Es gab so vieles, was ich nicht verstanden hatte, ich fing an über Sterben und Tod zu googeln.

Auf diesen Seiten gab es auch Buchvorschläge, merkwürdigerweise hatte ich oft das Gefühl, bestimmte Bücher lesen zu müssen. Eigentlich wollte ich nicht, aber ich habe mir diese Bücher bestellt. Jetzt sind es mehr als 20 Bücher, die sich mit diesen Themen beschäftigen.

Ungefähr zeitgleich, drei Tage nach dem Tod meines Mannes, war ich kurz in meinem Sessel eingeschlafen. Dabei hatte ich einen Traum: mein Mann und ich waren in der Garage, ich stand an der Fahrerseite unseres Oldtimers. Das war ungewöhnlich, ich bin das Auto nie selbst gefahren, denn als wir es damals bekamen, ließ sich der Sitz nicht verstellen.

Er hätte viel weiter vorne einrasten müssen, damit ich an die Pedale kam.

In meinem Traum war der Sitz aber so weit nach vorne geschoben, dass ich mein Knie nicht unter das Lenkrad bekam.

Das Auto fuhr immer nur mein Mann, aber für ihn war die Sitzposition eine ganz andere. Ich bat meinen Mann, der hinter dem Auto stand, um Hilfe. Er setzte sich neben mich auf den Beifahrersitz und sagte: „Wir schaffen das!" Ich wachte auf und war glücklich! Er war da gewesen, es hatte sich völlig real angefühlt. Ich war glücklich, drei Tage nach seinem Tod! Wie konnte das sein? Natürlich hielt dieses Gefühl nicht sehr lange an, aber warum hatte ich das geträumt, und warum hatte ich das Gefühl, alles sei wirklich geschehen? Dieser Traum ist auch nach über vier Jahren in allen Einzelheiten präsent.

Das ließ mir keine Ruhe, am nächsten Tag ging ich in die Garage, der Autositz war ganz nach vorne geschoben. Ich versuchte einzusteigen, aber es war genauso wie in meinem Traum, ich bekam meine Knie nicht unter das Lenkrad. Außer meinem Mann war niemand mit dem Auto gefahren. Das verstehe ich bis heute nicht!

Aber warum hatte ich drei Tage nach seinem Tod von unserem Oldtimer geträumt?

Ich hatte doch ganz andere Dinge im Kopf.

Der Traum beschäftigte mich immer öfter, ich suchte im Internet Bücher, die sich mit diesem Thema befassten. Ich fand das Buch, das ich brauchte. Geschrieben hatte es Deutschlands bekanntester Sterbeforscher Bernard Jacoby, es hieß „Trost und Hilfe aus dem Jenseits". Dieses Buch hat meine Fragen beantwortet und mir eine völlig neue Sicht auf Sterben und Tod gegeben und in diesem Buch war genau die Art Traum beschrieben, die ich gehabt hatte.

Ich war beim Lesen oft so berührt: dass ich weinen musste, und das ist mir beim Lesen aller folgenden Bücher so gegangen. Es war wie ein Erkennen der Wahrheit.

Herr Jacoby bot auch telefonische Beratungen an. Nach einigem Zögern vereinbarte ich einen Termin. Wir telefonierten fast eine Stunde und er erklärte mir die Besonderheit meines Traumes: mein Mann hatte Kontakt zu mir aufgenommen, er war nicht tot, er lebte. Der Kontakt ging von ihm aus!

Ich war glücklich, etwas hatte sich vollkommen verändert!

Danach begann für mich eine Zeit intensiven Lesens und Informierens, ich wollte alles wissen, alles lernen. Von da an fielen mir immer öfter kurze Sequenzen in Zeitschriften und Filmen auf, die ganz kurz etwas über das Leben nach dem Tod aussagten. Ich suchte nicht danach, aber heute weiß ich, dass ich Impulse bekam, auf etwas aufmerksam zu werden, von meinem Geistführer und von der geistigen Welt. Ich habe alles für mich angenommen, mit meinem freien Willen hätte ich mich auch dagegen entscheiden können. In allen Büchern war aber Gott das zentrale Thema, deshalb habe ich alles angenommen, ich war mir sicher, dass alles, was ich erfahren hatte, die Wahrheit war.

Ich hatte schon immer viel und gern gelesen, ein Jahr lang las ich fast 20 Bücher zu Themen wie Sterben, Tod und Leben danach. Zu den Büchern wurde ich nach und nach geführt, ich bekam die Informationen so, wie ich sie am besten verstehen und verarbeiten konnte. Ich bekam die Bestätigung für meine Erlebnisse und Gefühle, und habe alles verinnerlicht.

Meine Bücher sehen so aus, wie viel benutzte Schulbücher: Überall ist etwas unterstrichen, an den Rand geschrieben, und es kleben farbige Markierungen oben an den Seiten. So kann ich immer schnell finden, was ich suche.

Zum Thema Suchen gibt es übrigens im Kapitel „Endlos" eine kleine, lustige Geschichte über Amazon.

Verleihen kann ich meine Bücher nicht, ich will sie immer in der Nähe haben, falls ich etwas nachlesen möchte.

*Du siehst mich vielleicht nicht,*
*du spürst mich vielleicht nicht, dennoch bin ich da,*
*ich bin nicht weg, ich warte auf dich.*

Dem ersten Traum folgten noch acht weitere, alle sehr intensiv, manchmal mit langen Pausen dazwischen.

Einmal wurde ich wach von seinem leisen Schnarchen, wieder war da dieses Glücksgefühl.

Ein anderes Mal stand er im Schlafzimmer, als ich ihn ansprach, ging er weg in Richtung Fenster.

In einem anderen Traum hielt ich sein Gesicht in meinen Händen und küsste ihn. Ich sagte ihm, dass ich ihn liebe und dass alles gut wird. Es war wie der Abschied, den wir im Krankenhaus nicht hatten. Es war schön, ihn im Traum zu berühren und es war das erste Mal, dass ich sein Gesicht sah.

In einem anderen Traum gingen wir durch eine Stadt, plötzlich war er verschwunden. Ich fand ihn in einer kleinen Kneipe, er saß dort, mit dem Rücken zu mir, mit seinen Freunden. Ich erkannte ihn an seinen Haaren und an seinem Lieblingshemd. Einer seiner Freunde fragte, ob ich etwas dagegen hätte, wenn mein Mann Zeit mit ihnen verbringt. Ich antwortete: „Nein, ich freue mich für ihn."

Einmal sagte er im Traum: „Mäusi, ich liebe dich." Seine Stimme klang so zärtlich wie früher.

Der letzte Traum war anders: ich hatte das Gefühl, als ob ein Seidentuch auf mein nacktes Bein fiel, es fühlte sich völlig real an, wie immer bei diesen Träumen wusste ich; dass sie von ihm kamen. Aber mein Mann schickte mir nicht nur Träume sondern auch Zeichen, sie sollten mir zeigen: „ich bin noch da: ich denke an dich."

Fünf Monate nach seinem Tod, es war Anfang März und noch ziemlich kalt, saß ein großer, braun bunter Schmetterling auf der Fußmatte vor der Balkontür und einen Tag später am Gartenzaun, als ich daran vorbei ging.

Im Sommer bekam ich eine Einladung der Klinik, wie jedes Jahr würde es eine Trauerfeier für alle Verstorbenen des letzten Jahres geben.

Auf dem Weg dorthin stand ein gelber Porsche 911 am Straßenrand, ich konnte ihn nicht übersehen. Einige Tage vor und nach meinem Geburtstag saß jeden Morgen ein Dompfaff auf der Spitze der Tanne, die vom Bett aus sehen konnte.

Mein Mann kommuniziert mit mir über Geräusche und Gefühle, aber auch über Gerüche. Einmal konnte ich Zigarettenrauch riechen. In den Jenseitskontakten hat er später alle Zeichen bestätigt. Der Dompfaff war ein Gruß zum Geburtstag. Mein Mann hat aber auch gesagt, dass ich viele Zeichen nicht erkenne.

Nach allen Informationen, Träumen und Zeichen hatte ich zwar das Gefühl, dass es mir geholfen hatte, seinen Tod zu ertragen, aber ich wusste, dass es noch etwas anderes gab: die direkte Kommunikation mit meinem Mann mit Hilfe eines Jenseitsmediums.

Ich bin froh, dass ich diesen Schritt gemacht habe. Ich habe es sogar mehrmals getan.

Manchen Angehörigen reicht ein Kontakt, ich würde es am liebsten jede Woche einmal tun, aber es soll etwas Besonderes zwischen uns sein.

Mein Mann ist noch immer sehr kontaktfreudig, das macht es einfach, mit ihm zu „sprechen". Die Jenseitskontakte haben für mich alles verändert. An ein Leben nach dem Tod zu glauben, ist eine Sache, aber Gewissheit zu bekommen, ist wie ein großes Geschenk. Es ist Trost und Heilung zugleich, ich bin dafür unendlich dankbar.

Ich weiß jetzt, dass es ihm gut geht, dass er mich sehen und hören kann, dass er immer bei mir ist und mich überall hin begleitet.

Er hat mir in einem Kontakt gesagt, dass er gesehen hat, wie ich im Blumenladen einen Kirschblütenzweig in der Hand hatte. Das ist wahr, der Zweig war künstlich und ziemlich teuer, deshalb habe ich ihn nicht gekauft, aber es ist ein Beweis von vielen, dass er immer bei mir ist und sieht, was ich tue.

Er lebt mit mir. Von Viola, meinem Jenseitsmedium weiß ich, dass ich lernen kam, ihn zu spüren.

Irgendwann werde ich das mit ihrer Hilfe versuchen.

Bis hierher war es ein langer Weg, fast wie eine Treppe. Schritt für Schritt, Stufe für Stufe, bis zu jenem Moment im ersten Jenseitskontakt, als ich begriff, dass er da ist, als ich Gewissheit bekam.

*Es gibt mehr Dinge zwischen Himmel und Erde,*
*als wir mit unserem Verstand erkennen können.*

*Laotse*

# Jenseitskontakte/Jenseitsmedien

Ich hatte schon einiges darüber gelesen und habe nie gezweifelt, dass es möglich ist, mit Verstorbenen Kontakt aufzunehmen.

Mein Mann und ich hatten zwar eine Verbindung durch Träume und Zeichen, aber der Wunsch, direkt mit ihm zu sprechen, wurde immer stärker.

Im Internet fand ich ein sogenanntes Jenseitsmedium. Es war Carmen Kaufmann aus Bochum. Sie gab auch telefonische Sitzungen. Für mich war das wichtig, denn in meiner Nähe gab es kein Jenseitsmedium und ich wollte nicht lange mit Auto oder Bahn fahren.

Was Frau Kaufmann über sich und die Jenseitskontakte schrieb, hat mich angesprochen und ich bat sie um einen Termin.

Der nächste freie Termin war an meinem Geburtstag in genau sechs Monaten.

Sechs Monate nach dem Tod zu warten, hat einen Sinn. Man hat die erste Zeit der Trauer geschafft und auch die Seele hatte Zeit, sich wieder an ein Leben ohne Körper zu gewöhnen und sich in der geistigen Welt einzuleben.

Je näher der Termin kam, umso mehr wuchs meine Vorfreude, ich war aufgeregt und hatte Herzklopfen, es war fast so, wie in der Zeit unseres Kennenlernens. In gewisser Weise war es das auch, ich lernte meinen Mann neu kennen.

Ich habe nicht bereut, das ich den Termin gemacht hatte, alles, was ich hörte, war die Wahrheit.

Unsere Begegnung war emotional und so voller spürbarer Liebe, dass ich oft weinen musste.

Danach war ich tagelang euphorisch, nicht mehr so traurig. Dieser Kontakt hat mir unglaublich gut getan und mir geholfen.

Schon da hatte ich den Wunsch, ihn zu wiederholen und mehr von meinem Mann zu erfahren. Anderen Menschen reicht möglicherweise ein Kontakt, bei mir war das anders.

Viele Menschen scheuen sich davor, zu einem Jenseitsmedium zu gehen, auch weil es eine unbekannte Erfahrung ist, sehr emotional, persönlich und intim.

Wenn man den persönlichen Kontakt nicht möchte oder wie ich lange Anfahrten scheut, gibt es die Möglichkeit einer telefonischen Sitzung.

Für die Verstorbenen macht das keinen Unterschied, denn für sie existiert kein Raum und keine Zeit.

Ein Jenseitsmedium ist ein Vermittler zwischen den Menschen hier auf der Erde und den Verstorbenen in der geistigen Welt.

Alle Medien haben besondere, ausgeprägte Fähigkeiten. Diese Fähigkeiten werden Hellsinne genannt. Es sind Hellsehen, Hellfühlen, Hellhören, Hellriechen- und schmecken, sowie das Hellwissen.

Diese Fähigkeiten werden in einer seriösen, mindestens vierjährigen Ausbildung geschult.

Über die Hellsinne kann das Medium die Welt der Verstorbenen wahrnehmen.

Die Verstorbenen sind jetzt reine, lichtvolle Energie, feinstoffliche Wesen, deren Schwingungen das Medium wahrnehmen kann.

Um ein gutes Medium zu finden, sollte man auf die Ausbildung achten und auf die „Geld zurück" Garantie, falls der Kontakt nicht zustande kommt.

Auch längere Wartezeiten sind ein Zeichen für Qualität. Und man sollte auf sein Bauchgefühl achten.

So habe ich mein zweites Jenseitsmedium gefunden: Viola Müller aus Bad Nauheim.

Eigentlich hatte ich mir im Internet Nina Herzberg ausgesucht, weil ich ihr Buch gelesen hatte.

Aber das Telefon war wochenlang besetzt und als ich sie endlich erreichte, gab es den nächsten Termin erst in einem Jahr. So lange wollte ich nicht warten, aber ich fand auf ihrer Internetseite den Namen ihrer Schülerin, Viola Müller aus Bad Nauheim. Sie gab auch telefonische Sitzungen. Bei Viola fühlte ich mich vom ersten Moment an wohl, deshalb bin ich bei allen weiteren Sitzungen bei ihr geblieben. Ich glaube, meinem Mann ging es auch so.

Es geht nicht darum, ob ein Medium besser ist als das andere, es geht mehr um das Gefühl, ob die Chemie stimmt.

Der Jenseitskontakt beweist den Angehörigen, dass es wirklich der Verstorbenen ist, mit dem das Medium spricht. Ich gebrauche immer den Begriff „Sprechen", wenn ich Durchgaben der Verstorbenen beschreibe. Das ist einfacher, aber es geht nicht wirklich um „sprechen". Die Verstorbenen übermitteln dem Medium Bilder, Orte, Gefühle, körperliche Empfindungen und Gedanken. Gestützt wird die Kommunikation durch Telepathie, also durch reine Gedankenübertragung.

Das Medium „übersetzt" diese Dinge, fasst sie also in Worte.

Manche Dinge, die durchgegeben werden, klären sich erst später, deshalb bekommt man eine Aufzeichnung der Sitzung. So kann man später noch mal alles in Ruhe anhören.

Wichtig ist auch, dass man dem Medium nichts über den Verstorbenen erzählt, denn man möchte ja wirkliche Beweise.

Zu Beginn einer Sitzung übermittelt der Verstorbene Dinge, damit er von den Angehörigen erkannt werden kann, zum Beispiel sein äußeres Erscheinungsbild, seinen Charakter, seine Persönlichkeit, den Wohn- und Lebensraum, Beruf, Hobbys, Angewohnheiten, die Todesursache und Gefühle während und nach dem Sterben.

Dann erzählt der Verstorbene aus seinem Leben und ermöglicht so, gemeinsame Erinnerungen wachzurufen. Ungeklärte Dinge können geklärt werden, Ängste, Schuldgefühle und alle anderen Gefühle können angesprochen werden. Man kann Fragen stellen, allerdings werden manche Fragen nicht beantwortet, wenn es den Angehörigen nicht gut tut.

Alle Botschaften des Verstorbenen sind voller Liebe und Verständnis, sanft und liebevoll.

Man erfährt, dass der Verstorbenen immer an unserem Leben teil nimmt und uns sieht und hört. Man bekommt die Bestätigung, dass die Zeichen, die man wahrgenommen hat, keine Einbildung waren.

Die Jenseitskontakte sind geprägt vom Charakter des Verstorbenen und wenn man selbst auch mit Vorfreude und Offenheit in die Sitzung geht, erleichtert das den Kontakt und hilft dem Medium bei der „Übersetzung".

Die geistige Welt hat immer den Wunsch nach einem Kontakt, sie freut sich, wenn die Angehörigen diese Möglichkeit wahrnehmen.

Ich bin sehr dankbar, dass es Menschen wie Viola gibt, die einen Kontakt möglich machen Sie hat ihre Praxis „Seelenbrücke" genannt, und genau das ist es auch, was sie macht. Sie „baut" eine Brücke zwischen den Verstorbenen und den Angehörigen.

Ich bin überzeugt, dass die geistige Welt wollte, dass ich Viola kennenlerne.

Die Aufzeichnungen der Sitzungen hüte ich wie einen Schatz, es sind die vorläufig letzten direkten Gespräche mit meinem Mann, die letzten Antworten und Erklärungen und seine Liebesbeweise.

Ich habe mich von seiner Liebe berühren und durchfluten lassen und konnte ihm meine Liebe weitergeben.

Ich fühle mich getröstet, ich bin glücklich. Alles ist gut, ich werde beschützt.

# Erwartete Begegnung

Sechs Monate habe ich diesen Tag herbei gesehnt, sechs Monate vorher wusste ich, dass ich an meinem 67. Geburtstag erfahren würde, wie es meinem Mann nach seinem Tod geht.

Ich würde endlich mit ihm sprechen können. Das war unser Geheimnis, ich hatte niemandem davon erzählt. Ich glaube auch nicht, dass mich irgendjemand verstanden hätte.

Heute weiß ich, dass es die EREAMS Studie von Professor Oliver Lazar gibt, die sich mit den Beweisen von Jenseitskontakten beschäftigt.

Der erste Kontakt mit meinem Mann war unbeschreiblich berührend und emotional. Ich habe Frau Kaufmann, das Jenseitsmedium, erzählen lassen, was mein Mann durchgab und erst später Fragen gestellt.

Sie beschrieb meinen Mann, sein Äußeres, seinen Charakter, sein übliche Kleidung: sportlich chic, mit Jackett und Hemd. Es war unglaublich, alles stimmte. Er hat sich ihr so gezeigt, wie er war. Ich habe keinen Moment daran gezweifelt, dass er es wirklich war.

Er sagte, dass er gut drüben angekommen sei und dass es für nicht schlimm gewesen sei, dass ich nicht dabei war, als er starb. So war es einfacher für ihn, zu gehen.

Er zeigt auf seinen Hals, er ist jetzt wieder vollkommen gesund.

Er dankt mir für meine Liebe und für meine Begleitung im Krankenhaus. Die Zeit empfand er als harmonisch, er ist in Frieden gegangen.

Ich merke, dass er sich an alles erinnert.

Je mehr er durch gibt, desto mehr spüre ich seine Liebe.

Er sagt, dass er sich drüben noch ausruht.

Darüber habe ich in meinen Büchern gelesen, die Verstorbenen brauchen in der geistigen Welt eine Zeit der Ruhe, vor allem, wenn ihr menschlicher Körper schwer krank war. Sie haben auch alle eine Anpassungsphase, denn sie müssen sich erst daran gewöhnen, das sie keinen Körper mehr haben und keinen Mund zum Sprechen. Sie kommunizieren nun durch Gedankenübertragung. Und sie lernen, ihre Energie so einzusetzen, dass sie Zeichen schicken können.

Frau Kaufmann nimmt wahr, dass mein Mann vor Gedanken und Ideen nur so sprudelt. Ja, so war er immer.

Er spricht von einem Haus in Spanien, mit bodentiefen Fenstern und einem offenen Wohn- Essbereich. Das Haus steht am Meer, er beschreibt unser Wohnhaus und unser Traumhaus, beides ist vermischt. Ganz wichtig ist ihm die Hollywoodschaukel auf der Terrasse, ich weiß warum: auf der Hollywoodschaukel bei meinen Eltern beschlossen wir zu heiraten. Wir haben nie mehr darüber gesprochen, aber er hat es nicht vergessen.

Er sagt, dass sich unsere Seelen immer wieder finden werden, das haben wir in der geistigen Welt so vereinbart. Er meint damit, dass wir gemeinsam inkarnieren werden.

Frau Kaufmann fällt sein Charisma und seine angenehme Ausstrahlung auf. Sie nimmt wahr, dass er die ganze Zeit lächelt. Er hat sich nicht verändert, so war er immer.

Er sagt, er trägt die Haare jetzt praktisch kurz. Es war ihm immer wichtig, gepflegt auszusehen. Er zeigt sich ihr in seinem Wohlfühlalter, etwa Mitte 50. Das war das Alter, in dem wir uns beide angekommen gefühlt haben.

Wir fühlten uns wohl in unserem Leben, so hätte es immer bleiben können.

Er möchte seinem Sohn mental helfen und ihm Mut machen, unser Sohn führt die Firma weiter. Ich glaube, mein Mann hat das schon sehr gut gemacht, denn unser Sohn ist auf dem besten Weg, auch so erfolgreich zu werden wie sein Vater.

Mein Mann spricht von einer Gartenreise nach England, in einem Oldtimer Cabrio. Das war mal ein Wunsch von mir, er hat es nicht vergessen. Er erinnert sich an alles, er weiß, welche Wünsche ich hatte, auch wenn ich nicht darüber gesprochen habe.

Er weiß, dass ich traurig darüber bin, dass wir nicht mehr gemeinsam verreisen können.

Ich habe gelesen, dass man sich in der geistigen Welt in Sekundenschnelle überall hinbewegen kam, und dass man sich etwas durch Gedanken erschaffen kann. Ich bin gespannt, ob wir wirklich „verreisen" werden, wenn ich bei ihm bin.

Alles, was er durchgibt, sind unsere Wünsche, unsere Erinnerungen, unser Leben, er hat nichts vergessen.

Er sagt, dass er im Leben immer gern gearbeitet hat, dass er aber nie vergessen hat, zu leben und Spaß zu haben.

Jetzt weiß ich, wie wichtig es ist, das Leben zu genießen, weil die gemeinsamen Erinnerungen daran so schön und wichtig sind. Ich bin ihm dankbar, dass er mir geholfen hat, das Leben zu genießen, ich bin dankbar, dass wir so viele schöne, gemeinsame Erinnerungen haben.

Er übermittelt mir wieder ein großes Gefühl von Liebe.

Ich frage ihn nach den Zeichen und er bestätigt den Vogel mit dem roten Bauch. Den gelben Porsche auf dem Weg zur Trauerfeier bestätigt er mit einem „Daumen hoch".

Der Vogel war ein Gruß von ihm, ein Zeichen, dass er an mich denkt. Dann verabschiedet er sich mit einem liebevollen Gruß und übermittelt mir noch ein Lied „Liebe ist" von Nena.

Er sagt, dass er sich sehr gefreut hat, dass ich auf diese Weise Kontakt zu ihm aufgenommen habe und dass er auf mich wartet in unserem Haus am Meer.

Der Kontakt zu ihm war unbeschreiblich emotional und aufwühlend und gleichzeitig so voller Liebe. Dass er sich so für mich gefreut hat und mich liebt, hat mich unendlich glücklich gemacht.

Das hat mich alles so berührt, dass ich weinen musste.

Ein Jenseitskontakt ist für mich etwas sehr schönes, fast wie ein Wunder.

Ich kann die Liebe meines Mannes spüren und ihm meine Liebe geben, obwohl er keinen physischen Körper mehr hat.

Das ist Trost und Heilung für mich.

*Geliebter Mann,*

*April 2020*

*du hast dich so gefreut, dass ich durch ein Medium Kontakt zu dir aufgenommen habe. Du hast dich für mich gefreut, weil du weißt, was das für mich bedeutet und verändert. Ich bin so froh, dass ich es getan habe. Ich weiß nicht, ob du an meiner Stelle so gehandelt hättest. Ich glaube nicht. Dann hättest du all diese Dinge, die ich jetzt weiß, erst nach deinem Tod erfahren. Aber ich hätte ganz sicher, wie alle Verstorbenen, versucht, dich durch Zeichen und Träume zu erreichen. Wärst du dafür empfänglich gewesen? Das weiß ich nicht.*

*Das klären wir dann, wem ich bei dir bin.*

*Ich danke dir, dass du mir so viel erzählt hast. Ich danke dir für deine Zeichen und Träume. Zu wissen, dass du mich sehen und hören kannst, immer bei mir bist und mich liebst, macht mich glücklich, obwohl ich traurig bin.*

*Ich liebe dich,*
*deine Mäusi*

Mein zweiter Jenseitskontakt war gleichzeitig mein erster Kontakt bei Viola Müller. Bei ihr bin ich dann bei allen weiteren Kontakten geblieben. Ich brauchte weitere Kontakte, weil ich so viele Fragen und Schuldgefühle hatte.

Ich war genauso aufgeregt und voller Vorfreude, wie beim ersten Kontakt.

Ich setzte mich wieder auf das Bett meines Mannes und zündete, wie beim letzten Mal eine Kerze an. Dann wählte ich Violas Nummer, dabei klopfte mein Herz wie wild, so war es auch beim ersten Mal gewesen.

Viola nahm das Gespräch sofort an. Sie sagte, dass mein Mann schon da sei und sie gemeinsam auf meinen Anruf gewartet hätten. Die Verstorbenen wissen wann etwas geschieht und was geschieht.

Wir unterhielten uns nur kurz über den Ablauf, denn ich hatte ja schon „Erfahrung".

Neu für mich war, dass ich bei ihr eine Aufnahme der Sitzung bekam, von Frau Kaufmann hatte ich ein schriftliches Protokoll bekommen.

Während des gesamten Kontaktes war ich aufgewühlt, ich spürte ein starkes Gefühl von Liebe, Liebe von meinem Mann zu mir und meine Liebe zu ihm.

Es war so unglaublich berührend, dass ich mit ihm sprechen konnte, und dass auch er mir alles sagen konnte.

Nach 40 Ehejahren war er mir so vertraut, und doch lernte ich ihn in den Jenseitskontakten noch mal neu kennen. Er sagt mir Dinge, die nur er und ich wissen. Er spricht über unser Leben, über sein Leben in der geistigen Welt, aber er spricht auch über mein jetziges Leben.

Er weiß über alles Bescheid, was ich nach seinem Tod gedacht und gemacht habe. Alles, was ich in dieser Zeit aufgeschrieben habe, hat er mir in den Jenseitskontakten noch mal gesagt.

Im ersten Kontakt war ihm noch wichtig, dass ich ihn erkenne. In allen anderen Kontakten war das nicht mehr nötig, ich brauchte keine Beweise mehr.

Er freut sich für mich über unser Treffen, weil es mir hilft. Er hat mir in der schweren Zeit der Trauer geholfen, durch seine Nähe, durch seine Zeichen und die Träume. Er sieht und hört mich und ist immer bei mir. Ich bin nie allein. Das ist ein großer Trost für mich und macht mich sehr glücklich.

Er ist froh, dass ich jetzt weiß, dass er alles mitbekommt und nichts aus meinem Leben verpasst. Das beruhigt mich und gibt mir etwas von der Sicherheit und Geborgenheit zurück, die ich mit ihm früher hatte. Er sagt, dass er mich beschützt.

In den Kontakten beschreibt er seine Krankheit, sein Sterben und seinen Übergang in die geistige Welt. Er erzählt von seinem Leben dort und von seinen Aufgaben. Er spricht darüber, wen er alles getroffen hat, und was er über mein jetziges Leben denkt. Das hilft mir sehr.

Manchmal kommt es mir so vor, als seien die Jenseitskontakte eine Art Lebensberatung, eine Hilfe aus der geistigen Welt. Jetzt weiß ich, dass es wirklich so ist.

Mein Mann kannte mich gut, aber jetzt kennt er mich besser.

Er sagt, dass ich Ruhe brauche, das hat er früher schon oft gesagt, weil ich immer so kribbelig war.

Er sagt auch, dass ich Zeit für mich brauche. Er hat in allem so recht, damals wie heute. Für mich ist er jetzt so viel mehr als noch vor seinem Tod. Ich spüre, dass meine Liebe zu ihm immer stärker wird.

Er beschreibt unsere Liebe so „sie ist endlos!"

Am Anfang des Kontaktes sagte Viola, dass mein Mann strahlend und glücklich sei und es kaum erwarten kann mit mir in Kontakt zu kommen, das geht mir genauso.

Er freut sich für mich, dass ich diese Möglichkeit des Kontaktes zu ihm gefunden habe.

Alle Verstorbenen freuen sich, wenn ein Kontakt so möglich wird, denn sie können nur Zeichen schicken, um zu zeigen, dass sie da sind und an ihre Angehörigen denken. Die merken es oft nicht oder wollen es nicht wahrhaben.

Die Verstorbenen schicken dann irgendwann keine Zeichen mehr.

Mein Mann ist stolz auf die glückliche Zeit, die wir miteinander hatten. Er hat unser Leben geliebt und es genossen. Er hat die Natur geliebt, dabei beschreibt er unsere Spaziergänge auf Langeoog, die vielen gelben Blumen auf den Wiesen und die Fasane. Er erinnert sich auch daran, dass wir bei schlechtem Wetter in der „Strandhalle" gesessen und gelesen haben.

Er liebt unsere gemeinsamen Erlebnisse und zeigt mir Orte, an denen wir waren. Es sind unsere gemeinsamen Erinnerungen, er hat nichts vergessen.

Ich habe ihm oft gesagt, wie sehr ich unsere Urlaube vermisse, die wunderschönen Orte, die Zeit mit ihm. Ich habe ihm gesagt, dass ich einerseits so gern dort sein würde, dass ich es aber nicht ertrage, all das ohne ihn zu tun. Im Jenseitskontakt hat er gesagt, dass er das weiß. Er versteht, dass ich nicht allein dorthin kann, wo wir glücklich waren, weil es mich zu traurig macht, dass er nicht körperlich dabei ist.

Er schlägt vor, dass ich Neues ausprobiere, das Neue sieht und lernt er dann durch mich, weil er immer bei mir ist.

Ich weiß nicht, ob ich es jemals schaffe, ohne ihn zu verreisen.

Ich trauere um unsere gemeinsame Zeit.

Ich merke, dass ihm die gleichen Dinge wichtig waren, wie mir. Es ist schön, das noch mal zu erfahren.

Unser Kontakt ist geprägt von einer heiteren, freudigen Atmosphäre. Er lacht viel. Er strahlt so viel Liebe, Ruhe und Freude aus, bei mir löst gerade das so viel Rührung aus, dass ich weinen muss.

Er erklärt, was zu meinem Lebensplan gehört: die große Liebe und der große Schmerz.

Damit hat er so recht.

Es ist auch Teil meines Lebensplans, allein zu leben, das auszuhalten.

Zur Zeit habe ich damit keine Schwierigkeiten, weil ich weiß, dass er bei mir ist, auch wenn ich ihn nicht sehe.

Er kennt meine Aufgaben: ich werde neue Dinge tun und mein Wissen weitergeben.

Er meint damit mein neues Wissen über das Leben nach dem Tod.

Er macht mir Mut mit einem Spruch „Was würdest du erreichen, wenn du wüsstest, dass du nicht scheitern kannst?"

Ich habe durch seinen Tod erfahren, dass es ein Leben nach dem Tod gibt. Damit hat er mir meine Angst vor dem Tod genommen.

Er sagt, dass es zwischen uns immer ein festes Band gibt, das uns verbindet. Es ist meine Liebe zu ihm, die immer mit Traurigkeit verbunden ist und seine Liebe und Dankbarkeit.

Ich weiß, was er meint. Immer wenn ich an ihn denke, kommen die Tränen. Das ist auch bei den schönen Erinnerungen so, nicht nur bei den schrecklichen Erinnerungen an die Krankheit.

Er ist stolz auf seinen Sohn, er hat viele Erinnerungen an ihn.

Ich bin so froh, dass er sieht, wie erfolgreich sein Sohn die Firma leitet.

Er hat mich in unserer Ehe als warmherzige Mutter wahrgenommen.

Weihnachten, kurz nach seinem Tod, hat er gesehen, wie wir uns gefühlt haben. Er sagt, dass es ein anderes, ruhiges Weihnachten war. Wir waren traurig und haben oft Kerzen angezündet. Dabei haben wir über meinen Mann gesprochen.

Er sagt, dass ich Ruhe brauchte. Das stimmt, es waren schreckliche Monate, die hinter mir lagen.

Aber er hat unendlich viel mehr durchleiden müssen.

Er beschreibt die Zeit im Krankenhaus.

Er hat viel mit sich selbst ausgemacht. In meinen Augen hat er alles mit sich selbst ausgemacht.

Zu mir hat er immer gesagt, dass wir positiv denken müssen.

Er sagt, dass er für mich immer der starke Partner sein wollte. Das habe ich auch während unserer Ehe so erlebt, aber in der Zeit der Krankheit schien ihm das nochmal sehr wichtig zu sein. Er wollte mich nicht belasten und alles von mir fernhalten. Das war im Krankenhaus aber nicht immer möglich. Das, was ich mitbekommen habe, war schlimm, wie viel schlimmer war es aber für ihn.

Er sagt, dass er sich gern von mir hat helfen lassen. Ich habe gedacht, dass es für ihn unangenehm ist, Hilfe anzunehmen. Ich habe ihm gern geholfen, aber es machte mich traurig, ihn so zu sehen.

Er sagt, dass er von mir geträumt hat, wenn ich nach Hause gefahren war. Es ist schön, das zu hören.

Ich habe mich oft gewundert, das er oft schon nach zwei Stunden wollte, dass ich wieder nach Hause fahre.

Er sagt, dass es ihn zu sehr angestrengt hätte, wenn ich länger geblieben wäre.

Ich sage ihm, dass ich Schuldgefühle habe, weil ich nicht länger geblieben bin. Wenn ich gewusst hätte, dass er die Krankheit nicht überlebt, hätte ich den ganzen Tag bei ihm sein müssen. Er sagt darauf „Warum quälst du dich, es ist alles gut, wie es war."

Er will mir die Schuldgefühle nehmen. Er sagt, dass er auf Seelenebene gewusst hat, dass stirbt. Seine Seele hat es so geplant.


Er bestätigt die Zeichen, die er mir geschickt hat, und ich entschuldige mich, dass ich nicht alle Zeichen bemerkt habe. Er hat wirklich noch mehr geschickt!

Er wünscht sich für mich Kreativität und Spiritualität. Ich weiß jetzt, was das bedeutet:

in allem was ist, Gott zu sehen und zu erkennen, sich Gott hinzugeben und den eigenen göttlichen Kern anzuerkennen, ebenso wie in allen Menschen. (Pascal Voggenhuber)

Im Leben war mein Mann kein Kirchgänger, er war getauft und konfirmiert, aber im täglichen Leben schien Gott keine große Rolle zu spielen. Vielleicht hat er aber auch das vor mir verborgen.

Jetzt wünscht er sich für mich, dass ich Gott erfahre, bevor ich in die geistige Welt zurück gehe.

Er weiß jetzt um all diese Dinge Bescheid, es ist schön, dass er das auch für mich möchte.

Er hat schon mit seinem Tod etwas in mir bewirkt, nur wusste ich das damals noch nicht. Er möchte mir den Weg in einen liebevollen Raum zeigen, er weiß, dass ich unglücklich und traurig ohne ihn bin und will mir zeigen, dass es in der geistigen Welt so viel Liebe für mich gibt.

Er wünscht sich für mich, dass ich eine Person werde, die anderen Menschen hilft. Er sagt, dass ich durch mein Wissen eine Art Vorreiterin bin. Ich kann anderen helfen, die auch ihren Partner verloren haben. Im Moment kann ich mir nur vorstellen, dass das durch das Buch geschieht. Das ist vielleicht die Kreativität, die er meint.

Er weiß, dass ich meiner Schwester von den Jenseitskontakten erzählt habe, das habe ich sonst niemandem erzählt.

Er sagt, dass ich eine Tür geöffnet habe, um mich mit der geistigen Welt zu verbinden, und dass es kein zurück gibt. Als er noch seinen Körper hatte, hat er oft gesagt: „wenn sich eine Tür schließt, öffnet sich eine andere." Er hat recht, mit meinem Wissen über die geistige Welt, werde ich nie wieder so denken, wie früher. Sein Wunsch ist es, dass ich alles, was ich nach seinem Tod erfahren und gelernt habe, weitergebe, wenn ich es für mich verinnerlicht habe.

Er hat in allen Jenseitskontakten Lieder für mich durchgegeben. Am Anfang dachte ich, nur die Titel sollen mir etwas sagen, aber nachdem ich die Texte gegoogelt hatte, merkte ich, dass alle Texte einen Bezug zu unserem früheren und jetzigen Leben haben.

Er beschreibt seinen Tod. Drei Tage, bevor er starb, gab es eine Art Abschied. Er konnte die Augen nicht mehr öffnen, aber er drückte meine Hand minutenlang. Er sagt, dass er noch weiß, dass ich ihm den kalten Ehering angesteckt habe und wie kalt meine Hände waren. Er erinnert sich auch daran, dass ich ihm auf dem Handy die Moldau vorgespielt habe.

Er wollte nicht gehen, aber sein Körper war zerstört. Ich glaube, er wollte mich nicht allein lassen, und hatte selbst da noch den Willen, für mich da zu sein. Sein Geistführer hat ihn dann geleitet und ihm geholfen. Er sagt, dass er noch lange im Zimmer war und auf mich gewartet hat. Er beschreibt, wie unser Sohn und ich um die Ecke zurück ins Zimmer kamen. Er wusste, dass das Zimmer in einer Ecke des Ganges lag und wir nicht dabei waren, als er starb.

Wenn ich doch alles damals schon gewusst hätte. Ich hätte mit ihm gesprochen, ihm alles gesagt, was ich noch sagen wollte. Jetzt muss ich das in den Jenseitskontakten nachholen.

Über seine Krankheit sagt wer, dass er auf Seelenebene gespürt hat, dass er vor mir gehen wird.

Ich weiß noch, dass er einmal sagte, dass einer von uns zuerst sterben wird. Damals wollte ich davon nichts hören. Ich sah immer meine Eltern, die beide zusammen alt wurden.

Ich frage ihn nach der Krankheit. Er sagt, dass er sich zu Beginn anders gefühlt habe, irgendwie blutleer und kraftlos. Das Sprechen und Schlucken war beeinträchtigt. Davon hat er mir nichts erzählt, er hat alles mit sich selbst ausgemacht. Hätte er doch mit mir geredet, ich wäre so gern für ihn da gewesen, er sollte nicht mit seiner Angst allein sein. Er versteht meine Schuldgefühle, aber er wollte für sich selbst verantwortlich sein. Er sagt, dass die Krankheit schleichend war und seine Kraft nachgelassen hat. Trotzdem hat so weitergemacht wie immer, damit ich nichts merke. Das ist für mich jetzt schwer auszuhalten.

Er war weiter für alle da, auch wenn es ihm Mühe machte. Er sagt, dass er für mich immer der starke Partner sein und bleiben wollte.

In den letzten Wochen der Krankheit hat er schöne Momente seines Lebens nachempfunden und von mir geträumt. Wenn ich im Krankenhaus bei ihm war, war er gern vollkommen für mich da. Das stimmt, eine Schwester erzählte mir, dass er sich Mittags weniger Morphium geben ließ, damit er wach war, wenn ich bei ihm war. Und ich habe mich gewundert, dass er trotz Morphium starke Schmerzen hatte.

Er weiß, dass unser Sohn eine schmerzhafte Trennung durch gemacht hat, und tagelang nicht arbeiten konnte. Ich habe davon nichts mitbekommen, ich wusste nicht mal, dass er zu dem Zeitpunkt eine Freundin hatte. Ganz der Vater! Später hat mir meine Freundin davon erzählt. Sie wusste es von ihrem Sohn, der der Geschäftspartner unseres Sohnes ist. Meine Freundin hat es mir erzählt, aber ich musste ihr versprechen, unserem Sohn nichts zu sagen. Mein Mann hat alles gewusst.

Mein Mann will mir zeigen, wie man eine positive Art der Trauer lebt. Ich darf traurig und gleichzeitig glücklich sein. Die Trauer wird immer zu meinem Leben gehören. Er weiß das und möchte mir helfen, auch wieder schöne Gefühle zu haben und die schönen Dinge im Leben zu sehen. Es hat lange gedauert, aber ich fange an, das zu verstehen.

Mein Mann genießt unsere freie, warme Art der Liebe. Ich genieße es, dass er mich immer liebt. Er sagt, dass er neugierig ist, was ich in meinem Leben noch machen werde. Ich hatte gedacht, er könnte in die Zukunft sehen, aber das stimmt nicht, denn ich habe meinen freien Willen, und kann tun, was ich will.

Eigentlich schade, ich könnte ihn alles fragen. Aber vermutlich würde er mir nicht sagen, was in der Zukunft geschieht.

Er sagt, dass er alles in seinem und unserem Leben genossen hat. Ich denke, er muss sich nicht vorwerfen, nicht genug gelebt zu haben. Er sagt, dass ich jetzt mein Leben leben darf, indem ich sein Leben lebe.

Es stimmt, ich habe alles verinnerlicht, was ich durch ihn erfahren und gelernt habe. Er möchte, dass ich mein Leben genieße so wie wir es gemeinsam getan haben. Ich werde es versuchen, ich weiß ja, dass er immer bei mir ist. Er sagt, dass zwischen uns alles geklärt ist. Ich freue mich, dass er das sagt. Er sagt, dass wir alles erlebt haben, was für uns wichtig war. Das ist seine Sicht der Dinge, für mich hätte es immer so weitergehen können. Für ihn ist jetzt alles viel klarer, er hat eine ganz andere Sicht auf alles. Das merke ich an allem, was er sagt.

Er mag es, dass ich für ihn Kerzen anzünde und Blumen neben sein Bild stelle. Es gefällt ihm, das ich die Wohnung dekoriere und mich wieder schminke. Das stimmt, ich habe wieder Freude daran, es mir in der Wohnung schön zu machen und im Garten neues zu pflanzen, und ich habe wieder Freude an schöner Kleidung.

Er sieht es und freut sich für mich. Ich weiß das und tue es auch, weil er es sieht.

Er verabschiedet sich und gibt mir noch ein Lied durch: Wir werden uns wiedersehen (von den Höhnern)

Der dritte Kontakt ist wieder geprägt von einer heiteren, freudigen Atmosphäre. Mein Mann lacht viel.

Ich erzähle Viola, dass wir mit unserem Oldtimer schon in Bad Nauheim zu einem Jahrestreffen waren. Ich konnte mich nicht mehr an den Namen des Hotels erinnern, sie sagte sofort: Hotel „Dolce". Natürlich habe ich gefragt, woher sie das wusste. Mein Mann hat ihr das Bild gezeigt und sie erkannte das Hotel, weil sie in Bad Nauheim lebt. Ich frage meinen Mann, wen er schon getroffen hat.

Er hat seinen Freund getroffen und natürlich seine Eltern. Das Wiedersehen mit seiner Mutter war sehr schön, er sagt, dass er ihren Tod damals schwer verkraftet hat. Er hat auch das damals gut vor mir verborgen. Vielleicht hätte ich ihm mehr helfen können, wenn ich es gewusst hätte.

Er sagt, sein Vater macht Scherze, wie zu seinen Lebzeiten. Ich kann mir vorstellen, dass es für alle bestimmt sehr schön war, sich wiederzusehen.

Mein Mann spricht davon, dass er jetzt auch Aufgaben hat.

Er lernt und informiert sich für spätere Inkarnationen, seine Seele entwickelt sich weiter.

Er fühlt sich besonders hingezogen zur Ukraine, er kümmert sich mental um Menschen dort.

Mein Mann zeigt Orte, an denen wir glücklich waren, den Weg von Cala Major nach Puerto Portals, immer am Meer entlang, mit der kleinen Kapelle. Den Weg von Dorf Tirol nach Meran, mit den wunderschönen Pflanzen und Blumen, unsere langen Spaziergänge auf den WalWegen.

Er gibt wieder ein Lied durch: Wenn ich ein Vöglein wär. Er sagt: „unsere Liebe ist ewig."

Viola sagt, das wir wie verschmolzen sind. Vielleicht kann ich deshalb unsere Trennung so schwer verkraften.

Ohne meinen Mann hätte ich mein Wissen nicht bekommen.

Er sagt, dass es Teil meines Lebensplans ist, allein zu sein, allein zu leben, das auszuhalten.

Er möchte, dass ich neues wage, durch mich lernt er es dann auch.

Er sagt, die Erfahrungen aus seinem Leben kennt er, er erinnert sich an alles. Neues lernt er durch mich.

Er sagt, zu meinem Lebensplan gehört die große Liebe und der große Schmerz.

Es ist meine Aufgabe, mein Wissen weiterzugeben.

Es ist meine Begabung, anderen Menschen in ihrer Trauer zu helfen.

Er möchte, dass etwas von ihm bleibt. Das wird es, durch unsere Erinnerungen.

Während unserer Ehe habe ich Wesenszüge von ihm angenommen, die mich vollständiger, wertvoller gemacht haben, weil sie mir vorher fehlten, zum Beispiel die Freude am Leben, Spaß haben, unbeschwert sein und das Leben so anzunehmen, wie es kommt.

Er hat mir die Angst vor dem Tod genommen, weil ich erleben durfte, dass er lebt und immer bei mir ist, dass er mich sehen und hören kann. Ich bin nie mehr allein.

Ich darf traurig und gleichzeitig glücklich sein, das ist die positive Art der Trauer, die er sich für mich wünscht.

Viola sagt, ich soll ihn" mitnehmen", wenn ich aus dem Haus gehe, ihm alles erzählen, er lebt ja, er hat nur keinen Körper mehr. Sein Charakter ist auch in der geistigen Welt so geblieben, wie er war. Charismatisch, humorvoll, liebevoll, wissbegierig, verständnisvoll, Anteil nehmend und lebensfroh.

Er ist glücklich, er freut sich, er liebt mich.

Er sagt, dass er mich schon oft getröstet und in den Arm genommen hat. Wie schade, dass ich das nicht gespürt habe.

In unserer Ehe habe ich mich mit ihm immer sicher gefühlt, mir konnte nichts geschehen.

Er hat das bestätigt und etwas für mich sehr wichtiges gesagt: er wird nicht zulassen, dass mir etwas geschieht. Viola erklärt mir, wie er das macht: er wird verhindern, dass ich in Situationen gerate, in denen mir etwas geschehen kann, oder er wird anderen Menschen Impulse geben, mir zu helfen. Ich spüre das Vertrauen in ihn, aber ich spüre auch den Schmerz, dass er nicht mehr körperlich bei mir ist, und ich weiß, dass das immer so bleiben wird.

Viola sagt, dass ich lernen kann, ihn zu spüren. Sie gibt Seminare zu diesem Thema.

Ich möchte es unbedingt lernen.

Mein Mann hat gesagt, dass ich weniger denken sondern mehr fühlen soll. Mein ständiges Nachdenken hindert mich daran, ihn zu spüren.

Irgendwann werde ich ihn spüren. Ich freue mich auf diesen Tag.

*Da ist ein Land der Lebenden und ein Land der Toten*
*und die Brücke zwischen ihnen ist die Liebe*
*das einzig Bleibende der einzige Sinn.*

*Thornton Wilder*

Der vierte Kontakt war ein Aura Reading für mich, bei dem aber auch mein Mann und mein Geistführer dabei waren. Das hatte ich nicht erwartet, aber Viola erklärt mir das so: ich bin meinem Mann wichtig, deshalb ist er dabei.

Es ging diesmal vor allem um mein Leben, meine Talente, die Liebe zu meinem Mann, zu anderen Menschen, um die Liebe nach dem Tod, um unsere Verbindung, unsere Partnerschaft, die über den Tod hinaus geht. Es sind die Themen, über die auch in den anderen Jenseitskontakten gesprochen wurde. Unser Band der Liebe wird stärker. Da ist immer Liebe, Rührung und Dankbarkeit.

Ich bin gedanklich schon oft in der geistigen Welt.

Mein Mann schickt mir Liebe und Heilung. Er wusste, dass ich Schmerzen im Knie habe, und hat gesagt, dass er mir helfen kann, wenn ich ihn darum bitte. Ich habe es getan und die Schmerzen sind verschwunden.

Meine Begabungen sind Helfen und Heilen, auch wenn das noch oft unabsichtlich geschieht.

Unsere Liebe ist eine gewachsenen Liebe, wir sind wie verschmolzen.

Durch meinen Mann bin ich für immer geschützt. Ich habe Charaktereigenschaften von ihm übernommen, die mich stark machen.

Er hat mir viel gegeben, ich habe es angenommen, dadurch bin ich wertvoller geworden.

Ich kann allein weiter leben, weil er mir seine Stärke und seinen Schutz gibt.

Er beschützt mich so, wie es auch mein Geistführer tut.

Mein Mann sagt, dass es immer um Liebe geht, um die Liebe zu allem.

Er möchte, dass ich weniger denke, sondern mehr fühle, mehr aus dem Bauch heraus entscheide.

Das, wofür ich mich entscheide, ist richtig.

Er wünscht sich für mich Kreativität, vielleicht schreiben.

Das ist für mich ein erster Hinweis, was ich mit meinen geschriebenen Gedanken und Gefühlen machen kann.

Er sagt dazu: er möchte, dass ich meine Liebe zu ihm in Worte fasse, damit andere Menschen berühre und ihnen in ihrer Trauer helfe.

Mein Mann und mein Geistführer sind sich einig, das ich damit „jetzt" beginnen soll. Es ist nie zu spät, etwas Neues zu wagen.

Mein Mann bestätigt noch einmal seine Aussagen aus den Jenseitskontakten. Er sagt, dass unser Leben Teamarbeit war, und dass es aktiv weitergeht. Er unterstützt mich weiter, er hilft mir, er ist bei mir, über den Tod hinaus. Unsere Liebe ist ewig.

Er kennt meine Schuldgefühle und versteht sie, er nimmt mir meine Schuldgefühle. Für ihn gibt es keine Schuld. Für ihn ist allein wichtig, dass es mir gut geht.

Es gibt unseren gemeinsamen Lebensplan: er ist immer an meiner Seite. Er hat seine Aufgaben in der geistigen Welt, aber solange ich hier lebe, hat er seinen Plan bei mir: mich zu begleiten, mich zu trösten und mich zu beschützen, aus Liebe.

Das Hauptthema in meinem Leben ist die Liebe zu ihm.

Er schickt mir Liebe und Heilung. Er ist interessiert an meinen Talenten und daran, was ich in meinem Leben daraus mache.

Er ist gespannt, was ich in meinem Leben noch machen werde.


Der letzte Jenseitskontakt (Beschreibung im Kapitel „Zufall") war für mich der berührendste und emotionalste Kontakt.

Mein Mann hat offen über alles gesprochen, er hat alle meine Fragen beantwortet, alles erklärt.

Ich verstehe ihn und liebe ihn umso mehr. Und nur das zählt für mich.

Eigentlich möchte ich noch mehr Jenseitskontakte, weil es für mich Gespräche mit meinem Mann sind. Es ist fast wie früher, wenn er geschäftlich unterwegs war und wir abends telefonierten.

Wir haben uns alles erzählt und ich konnte ihn um Rat fragen. Aber er ist ja bei mir, auch wenn ich ihn nicht sehe.

# Die Lieder

Es sind drei Lieder, die mein Mann jeweils am Ende eines Jenseitskontaktes durchgegeben hat.

Da er nur die Titel genannt hat, dachte ich, genau das wollte er mir damit sagen. Erst als ich später die Texte gegoogelt hatte, merkte ich, dass sich alle Inhalte auf unser gemeinsames Leben und auf mein jetziges Leben bezogen. Einiges hat er auch in den Jenseitskontakten gesagt. er hat diese Lieder ganz bewusst für mich ausgewählt.

Das erste Lied heißt „Wir werden uns wiedersehen", von den Höhnern.

Der Text spiegelt das wieder, was mein Mann in den Jenseitskontakten gesagt hat.

Seine Zeit mit mir war wertvoll und schön, aber wenn es am schönsten ist, sollte man gehen.

Wir werden uns wiedersehen, das steht fest.

Das Leben ist viel zu schnell vorbei. Auch wenn es schwerfällt, gerade jetzt zu gehen, das alles zu verstehen, eins ist ganz sicher: wir werden uns wiedersehen.

Das zweite Lied heißt „Liebe ist" von Nena.

Die Aussage" Liebe ist" hat mein Mann in den Jenseitskontakten immer wieder betont.

Liebe ist das wichtigste und sie ist ewig.

Der Text beschreibt auch unser Kennenlernen und, er beschreibt auch unsere Liebe.

Es geht um Dankbarkeit und Empathie und dass er immer für mich da sein wird, auch wenn er körperlich nicht mehr das ist.

Wir sind zwei, aber trotzdem eins.

Das dritte Lied ist ein altes Volkslied, es heißt „Wenn ich ein Vöglein wär"
Mein Mann würde zu mir kommen und bleiben, er kann es aber nur noch als ein Energiewesen.
Und als dieses Energiewesen kann er im Traum bei mir sein, denn das ist für ihn die einfachste Möglichkeit, zu mir Kontakt aufzunehmen. Wenn ich aufwache, bin ich allein, aber ich denke immer an ihn und daran, dass er mir sein Herz geschenkt hat und mich als Mensch geliebt hat.
Zur Erinnerung an dieses Lied sitzt auf seinem Grabstein ein kleiner, bunter Keramikvogel.

*Von dem Menschen, den wir geliebt haben,*
*wird immer etwas in unserem Herzen zurück bleiben,*
*etwas von seinen Träumen, etwas von seinen Hoffnungen,*
*etwas von seinem Leben, alles von seiner Liebe.*

# Hier und jetzt

*Egal wie dein Tag auch ist, lächle für mich,*
*denn immer wenn du lächelst, freue ich mich.*
*Auch wenn du traurig bist lächle für mich,*
*lebe für mich, denn dann spüre ich*
*das Leben durch dich.*

Gute Gedanken, aber schwer umzusetzen. Du kannst alles sehen und hören, ich sehe dich nicht, ich höre dich nicht. Du vermisst nichts, ich vermisse alles: du bist glücklich, ich bin traurig, du verstehst jetzt alles, ich verstehe nichts, ich möchte bei dir sein, aber ich möchte auch hier sein.

Die Zeit nach den Jenseitskontakten ist anders geworden. Ich spreche mit ihm, denn ich weiß, er ist da.

Ich verbringe Zeit mit ihm, erzähle ihm alles, auch unsere gemeinsamen Erinnerungen, meine Schuldgefühle: die immer noch da sind. Das alles fällt mir leichter, weil ich jetzt weiß, was er darüber „denkt".

Ich bin oft noch sehr traurig, weil ich ihn nicht berühren kann. Wir können nichts mehr gemeinsam machen.

Ich trage seinen Ehering weiter. Ich bin immer noch seine Frau. Vielleicht hätte ich seinen Ehering doch behalten sollen, aber dafür ist es jetzt zu spät.

Es macht mich traurig, wenn ich Paare in unserem Alter sehe, oder Männer, die allein einkaufen. Dann muss ich an ihn denken. Es ist vielleicht doch besser, dass er vor mir gegangen ist. Es täte mir leid, wenn er sich im Alter allein versorgen müsste, weil ich mich nicht mehr um ihn kümmern könnte.

Eigentlich lebe ich weiter wie früher, das gibt mir Sicherheit. Ich muss Dinge erledigen, die er sonst geregelt hat. Das fällt mir jetzt leichter.

Aber ich kann seinen Körper nicht vergessen: ich kann einfach nicht verstehen, dass er all die Jahre da war und es jetzt nicht mehr als Körper ist.

Manchmal mache ich mir Gedanken um Dinge, die lange vorbei sind. Ich kann einfach nicht vergessen. Vermutlich geht es mir auch deshalb oft so schlecht, obwohl ich doch jetzt so viel von ihm weiß.

Ich durchlebe viele Gefühle immer wieder, aber jetzt weiß ich, dass das einen Sinn hat. Es ist wichtig für meine Seele. Manchmal denke ich ständig an ihn, dann, wenn ich was zu tun habe, stundenlang gar nicht. Dann mache ich mir wieder Vorwürfe; ihn vergessen zu haben. Ach ja, das Denken, ich soll ja lernen, weniger zu denken, mehr zu fühlen. Das ist nicht so leicht. Wir hätten mehr Zeit miteinander verbringen müssen, statt so viel zu arbeiten. Wir haben beide gemeinsame Zeit verschwendet, die wir nie wieder nachholen können.

Ich möchte ihn so gern nach einmal in den Arm nehmen.

Der dritte Frühling nach seinem Tod beginnt. Ich tue Dinge, die ich immer aufgeschoben habe. Jetzt habe ich die Kraft dafür. Ich freue mich über die Vögel am Futterhaus, über die ersten grünen Blätter und darüber, dass die meisten Pflanzen den kalten Winter überstanden haben.

Es gibt schon erste warme Tage, dann trinke ich morgens meinen Tee auf dem Balkon und bin zufrieden.

Es sind kleine Dinge, über die ich mich freue. Ja, ich kann mich wieder freuen, aber so wie mit ihm, wird es nie wieder sein. Ich koche wieder gern, dabei muss ich nicht nachdenken. Die Trauer und der Schmerz verändern sich, das Gefühl von Liebe und Dankbarkeit wird stärker.

Seine Träume, Zeichen und die Jenseitskontakte haben mich unglaublich glücklich gemacht. Es ist schön, all das von ihm zu wissen. Ich stelle immer Blumen neben sein Bild und zünde eine Kerze an, ich weiß, er mag das.

Ich fahre seine „Biene", unseren Oldtimer. Das hätte ich nie gedacht, aber es klappt gut. Meine Freundin ist jetzt meine Beifahrerin: wir haben sogar schon Pokale gewonnen, Ich weiß, mein Mann ist stolz auf mich.

In der Corona Zeit allein zu sein hat mir nichts ausgemacht. Ich war ja nicht wirklich allein. In unserem Leben ging es immer um Liebe, um unsere Liebe, die Liebe zu den Kindern, die Liebe zur Arbeit, zum Leben.

Wir liebten es zu verreisen und die gemeinsame Zeit zu genießen.

Unsere Liebe ist stärker geworden, die gemeinsamen 41 Jahre waren nie langweilig, sie sind sogar besser geworden. Als es am Schönsten war, ist er gegangen. Nach seinem Tod habe ich ihn neu kennengelernt: und Dinge erfahren, die er im Leben nicht gezeigt hat. Darum ist da jetzt noch so viel mehr Liebe, Freude, Dankbarkeit und Nähe. Ich bin glücklich, dass wir zusammen gehören. Er möchte dass etwas von ihm bleibt. Diesen Wunsch möchte ich ihm erfüllen, indem ich über ihn spreche und schreibe Er war ein außergewöhnlicher Mensch. Alle, die ihn kannten, wissen, wovon ich spreche.

Mit diesem Buch wird er unvergessen bleiben.

Der Mann, der immer so lebensfroh wirkte, hatte auch eine andere, eine nachdenkliche Seite, die vor allem auf

Fotos sichtbar war. Es gibt nur wenig Fotos auf denen er lächelt, auch auf den Kinderfotos wirkt er ernst.

Da war etwas: über das er nicht sprechen wollte und konnte.

Er hat oft gesagt," nach etwas negativen kommt etwas positives," „wenn eine Tür zugeht, geht eine andere auf."

Das mit der Tür stimmt, nur muss ich jetzt allein durchgehen, und es gibt kein zurück. Das Läuten der Glocken am Sonntag Morgen erinnert mich daran, wie es war, als er noch gelebt hat, wir haben im Bett Pläne gemacht oder einfach nur gefaulenzt« Jetzt liegt er nicht mehr neben mir.

Ich bin immer nach traurig, wenn ich daran denke, wie sehr er gelitten hat Ich konnte ihm nicht helfen.

Er war der richtige Mann für mich.

Im Jenseitskontakt hat er genau das über mich gesagt: er hat die richtige Frau gefunden.

Die Trauer verändert sich, manchmal ist es trauern mit einem Lächeln. Ich weiß: dass das nicht bedeutet, weniger zu trauern oder weniger zu lieben, sondern dass es die positive Art der Trauer ist, wie er es ausgedrückt hat.

Und noch etwas muss ich mir immer wieder in Erinnerung rufen: dass mein Mann so krank war, so früh gegangen ist und ich jetzt allein bin. Das ist kein Schicksal. Unsere Seelen haben das so geplant. Dieses Wissen hilft mir alles besser zu ertragen.

Je schöner es war, desto mehr tut es weh, das alles zu vermissen, zu wissen, dass es nie mehr so sein wird. Diesen Schmerz durchlebe ich immer wieder, aber ich weiß jetzt, dass die große Liebe und der große Schmerz zu meinem Lebensplan gehören.

Ich habe gelernt, dass selbst in den schmerzhaftesten Erfahrungen etwas positives steckt.

Das stärkt mich und gibt mir Trost und Heilung«

Aber was mir am meisten geholfen hat, waren die Jenseitskontakte.

Das war der Beweis: dass er lebt und ganz viel spürbare Liebe.

Er tröstet mich, er freut sich mit mir, er liebt mich, er nimmt Anteil an meinem Leben: er sieht und hört alles, er begleitet mich, er beschützt mich.

Er hat all meine Fragen beantwortet und mir meine Schuldgefühle genommen.

Er ist immer noch so, wie er war und doch so viel mehr.

Er ist gespannt, was ich in meinem Leben noch machen werde.

Allein zu leben, erscheint mir nicht mehr so schrecklich, weil ich jetzt weiß, dass mein Mann und mein Geistführer immer bei mir sind.

Ich bin nie allein. Das ist ein schönes Gefühl.

Ich vermisse meinen Mann jeden Tag, aber gleichzeitig empfinde ich so viel Liebe, Achtung und Dankbarkeit für ihn.

Er hat mir Dinge gesagt, die für mein weiteres Leben wichtig sind.

Mein Herzenswunsch ist es, dass mein Buch trauernden Menschen hilft.

Ich merke, dass es mir guttut, wenn ich anderen Menschen von meinen Erfahrungen erzähle, aber ich überlege noch sehr genau, wem ich es erzähle.

Ich denke oft an meinen Mann, wie hat er sich gefühlt, als er gegangen ist?. Das werde ich ihn auch noch fragen. Ich will, dass er glücklich ist und weiß doch gleichzeitig, dass ich darauf keinerlei Einfluss habe. Aber das „sich um ihn sorgen" hat nie aufgehört und ich weiß, dass es bei ihm auch nicht aufhört.

Unsere Liebe hört nicht auf. In einem Jenseitskontakt beschreibt er es so: unsere Liebe ist „Endlos", und in dem ersten Traum, in dem er mir ganz nah kam, hat er gesagt: „Wir schaffen das."

*Da du meine Hände nicht mehr berühren kannst,*
*berührst du mein Herz umso mehr.*

# Zufall

*Ich liebe dich zu sagen, dauert Sekunden,*
*es zu erklären dauert Stunden, es zu beweisen*
*dauert ein Leben lang und darüber hinaus.*

Dieses Kapitel hatte ich nicht geplant, es entstand durch einen Zufall, oder war das gar kein Zufall, sondern Teil eines Plans?

Das Kapitel Zufall ist neben den Jenseitskontakten ein wichtiger Teil geworden, nicht nur für mich.

Ich habe lange überlegt, ob ich diesen Teil wirklich mit ins Buch schreibe, aber letztendlich hat mir mein Mann die Erlaubnis dazu gegeben.

Ihn berührt nicht mehr, was andere über ihn denken, er sieht aber die Chance, anderen Menschen zu helfen, die ähnliches durchgemacht haben.

Die Menschen, die ihn kannten, wird dieses Kapitel vielleicht schockieren, aber sie sollten daran denken, was zu seinem Verhalten geführt hat.

Ich habe ihm alles verziehen, weil ich weiß, wie er wirklich war und ist.

Obwohl er mich oft enttäuscht hat, habe ich nie das Vertrauen, die Liebe und das Gefühl der Geborgenheit verloren.

Zweieinhalb Jahre nach dem Tod meines Mannes wollte ich mit seinem Handy ausprobieren: wie man Töne aufnimmt. In unserem Garten gab es eine Singdrossel, die unglaublich schön sang. Sie war mein Versuchsobjekt.

Ich hatte mir schon lange vorgenommen, mich mit der Funktion des Handys zu beschäftigen. Jetzt war dafür die Gelegenheit, das Wetter war gut. Ich setzte mich auf den Balkon und googelte die Anleitung für Sprachmemos, dann ging's los. Der Vogel sang und die Aufnahme gelang. Als ich sie abhören wollte, sah ich, dass es noch eine andere Aufnahme gab. Sie war vor sieben Jahren aufgenommen worden.

Ich drückte auf Abspielen und hörte Teile eines Vortrages über die Ukraine und zwischendurch die Stimme meines Mannes.

Wie oft hatte ich mir gewünscht, noch einmal seine Stimme zuhören, oder wenigstens eine Nachricht von ihm an mich in den Notizen zu finden.

Aber da war nichts! Und jetzt das!

Ich konnte ihn hören, so oft ich wollte!

Die Aufnahme ging weiter, er hatte vergessen sie zu beenden. Es war der Vortrag bei der Jahreshauptversammlung des Vereins Brückenschlag für die Ukraine. Mein Mann war seit Jahren Mitglied. Der Vortrag war beendet, jetzt begann der gemütliche Teil. Ich hörte Lachen und Gläserklirren. An diesem Abend hatte ich ihn, wie so oft gebeten: nicht erst am anderen Morgen nach Hause zu kommen. Er hatte es auch dieses Mal nicht geschafft, sein Versprechen zu halten.

Die Aufnahme lief weiter, ich hörte, wie er in ein Taxi stieg und mit dem Fahrer sprach. An seinem Sprechen hörte man, dass er schon einiges getrunken hatte.

Da war sie wieder, die Seite, die ich nicht an ihm mochte.

Ich hörte, wie er eine Bar betrat: er kannte den Inhaber, duzte ihn sogar. Er begrüßte auch Frauen. Nachdem er etwas getrunken hafte, wollte er für eine halbe Stunde „aufs Zimmer". Zuerst dachte ich, dass er dort schlafen wollte. Wie naiv ich war. Dann hörte ich, dass er nicht allein war.

Da er das Handy immer bei sich trug, hörte ich ein ständiges Rascheln, von der Unterhaltung konnte ich nur Bruchstücke verstehen, aber das reichte, um zu verstehen: dass die Frau eine Prostituierte war, Mir wurde eiskalt, mein Körper zitterte, obwohl es draußen warm war.

Ich war fassungslos, warum tat er das?

Das hatte ich von meinem Mann niemals erwartet! Kannte ich ihn so wenig?

Das passte doch gar nicht zu ihm, zu unserer Liebe, zu dem Vertrauen, oder wollte ich nichts merken?

Er hatte nie auch nur angedeutet, dass ihm eventuell etwas fehlte. Im Gegenteil unsere Liebe war immer noch wunderbar und zärtlich.

Mein Kopf und mein Körper rebellierten, aber mein Herz war wie in Watte gepackt Ich hatte die ganze Zeit Schuldgefühle, dass ich im Krankenhaus nicht lange genug bei ihm war, dass ich nicht dabei war, er starb. Und er?

Er hatte anscheinend gar kein Schuldbewusstsein. Betrogen zu werden und es irgendwann zu erfahren, ist eine Sache, aber alles mit anzuhören, eine ganz andere. Während der anschließenden Taxifahrt nach Hause gab er selbst eine Erklärung für sein Verhalten. Er erzählte dem Fahrer, dass er immer viel gearbeitet habe und stolz auf das Erreichte sei und dass er sich öfter mal was gönnen würde. Sein Lebensmotto sei frei nach Harald Juhnke, Barfuß oder Lackschuh – alles oder nichts.

Gehörte diese halbe Stunde mit der Frau also zu einer Dienstleistung, die er sich ab und zu gönnte?

So war er also, er hat mir immer gesagt, dass er zwei Seiten hat: Sternzeichen Zwilling eben.

Jetzt kannte ich also die andere Seite.

Er hatte dies auch nicht zum ersten Mal gemacht, denn er kannte die Frauen.

Er sprach von seinen wilden Zeiten und das er schon ruhiger geworden sei.

Er hatte nicht das Gefühl, etwas Unrechtes zu tun. Da hat er sich einiges von seinem Vater abgeschaut.

Mein Mann war in allem extrem, er kostete das Leben wirklich in allen Facetten aus. Ich möchte mir nicht vorstellen, wie ich reagiert hätte, wenn ich das zu seinen Lebzeiten erfahren hätte.

Aber das gehört zu dem Menschen, den ich liebe. Die Seele, die ich jetzt liebe, ist soviel mehr, so wie immer und auch ganz anders, so voller Liebe, und das kann er jetzt auch „sagen".

Zwei Tage fühlte ich mich wie in einem Ausnahmezustand. Nach außen ließ ich mir nichts anmerken, aber meine Gedanken kreisten ständig um dieses Thema.

Nach diesen zwei Tagen gab es plötzlich eine Änderung meiner Gefühle: da war auf einmal eine völlige Akzeptanz, ein völliges Verzeihen.

*Wenn wir denen nicht verzeihen,*
*die wir lieben, wem dann?*

Ich habe ihn immer geliebt, mit allen Fehlern, diesen „Fehler" werde ich auch noch verkraften.

Nach einem Gespräch mit Viola, meinem Jenseitsmedium, weiß ich jetzt, warum ich mich nach zwei Tagen so anders gefühlt habe.

Mein Geistführer und mein Mann haben mich in dieser Zeit begleitet, damit ich stark genug war, alles auszuhalten.

Die geistige Welt hat nicht verhindert, dass ich die Sprachmerno finde, denn es war bekannt, dass ich das aushalten kann Andernfalls hätte ich die Aufnahme nicht gefunden, oder es wäre verhindert worden, dass ich sie finde.

Es gibt also einen Grund, es gibt keine Zufälle.

Ich soll lernen zu verzeihen, und zwar wirklich alles zu verzeihen.


Eine Zeit lang hatte ich das Gefühl, die Verbindung zu meinem Mann sei unterbrochen, das war sie aber nie.

Körperlich fühlte ich mich erschöpft, wie nach einer Krankheit, aber das Gefühl von Liebe war wieder da.

Jetzt war ich wieder stark genug für das Leben.

Wochen vergingen, der Wunsch, diese Sache mit meinem Mann persönlich zu klären, wurde immer stärker.


Ich wollte wissen, warum er bei einer anderen Frau gewesen war und ob es meine Schuld war. Ich bat ihn immer wieder, mir Hinweise zur Klärung zu geben. Als nichts geschah, sagte ich ihm, dass wir das Ganze wohl nur mit Violas Hilfe klären könnten.

Noch am gleichen Tag schickte Viola mir eine Whats App. Sie hatte einen starken Impuls von meinem Mann bekommen, dieser Impuls fühlte sich warm und wichtig an. Sie hatte das Gefühl, er gibt die Erlaubnis zu einem Gespräch und befürwortet meinen Wunsch nach Klärung.

Zu diesem Zeitpunk hatte ich Viola nicht gesagt, worum es ging.

Mein Mann hat mir wieder einmal mehr bewiesen, wie unglaublich die Kommunikation mit der geistigen Welt ist. Er wurde selbst aktiv und nahm Kontakt zu Viola auf, weil er wusste, wie stark mich das Geschehene beschäftigte.

Sein Verhalten löste so starke Gefühle von Liebe aus, dass ich weinen musste.

Ich weiß, dass ich ihm vertrauen kann und das er mich nicht allein lässt.

Drei Monate später hatten wir dann den vorläufig letzten Jenseitskontakt. Er hatte zugestimmt, unser gemeinsames Problem zu lösen.

Wie sich herausstellte, war es gar kein Problem zwischen uns, deshalb hatte er es in den anderen Jenseitskontakten nie erwähnt. Außerdem wusste er nicht, ob ich die Sprachmemo finden würde. Für ihn war es nicht wichtig, deshalb hatte er auch gesagt, dass zwischen uns alles geklärt sei.

*Die größte Kraft der Heilung wird uns zuteil,*
*wenn wir bereit sind, zu vergeben und zu verzeihen,*
*auch uns selbst.*

# Beschreibung des Jenseitskontaktes

Er ist da, eine tiefe Liebe zu mir ist spürbar. Es tut ihm leid, dass ich Kummer habe, er möchte mich auf der Gefühlsebene erreichen und mir Heilung geben. Unsere Verbindung ist eine tiefe Verbindung.

Er hatte Viola wieder einige Tage vor unserem Gespräch weiße Minis gezeigt, das macht er immer, wenn wir ein Gespräch haben. Sie weiß dann schon Bescheid, dass er es ist.

Aber diesmal ist es anders, er sagt, dass mein Auto in der Werkstatt ist. Das hat er natürlich mitbekommen, wie er immer alles mitbekommt.

Er will mir zeigen, wie oft er an mich denkt und wie oft er bei mir ist. Er zeigt intensiv, dass er immer an meiner Seite ist.

Er ist der Grund, warum ich wieder leben kann, der innere Antrieb kommt von ihm.

Ein starker, innerer Sinn ist spürbar, das ist er. Das ist seine Art der Heilung.

Er gibt mir Kraft.

Lächeln unter Tränen – damit will er über schwere Themen hinwegtrösten.

Es gab das Schwere auch in seinem Leben, das hat ihn oft runter gezogen. Er beschreibt seine strenge Kindheit, er konnte nie darüber sprechen.

Er hatte eine gute Familie, trotzdem hat er unter der Erziehungsart dieser Zeit gelitten.

Ihm wurden viele Verhaltensregeln und Muster „eingetrichtert": gut sein, Dinge richtig machen, die Normen und Werte dieser Zeit. Er lernte auch, dass ein Mann keine Gefühle zeigt, und das die echte Treue wichtiger ist, als die sexuelle Treue.

Was bei seiner Erziehung heraus kam, war ein verletztes, inneres Kind", dass nicht wirklich machen durfte, was es fühlte und wollte.

Er hat alles nachgeholt, er lebte ohne Maß. Er schaffte es früh, sich die Welt so zu machen, wie sie ihm gefiel. Er verhielt sich oft bewusst kindlich, um unbewusst das innere Kind zu leben. Aber es gab diese Dinge, die er von seinem Vater gelernt hat, Feiern, Alkohol, Frauen, Arbeit, immer wieder Nächte durchmachen, obwohl er versprochen hatte, es nicht zu tun. Das mit den anderen Frauen geschah immer unter Alkoholeinfluss. Da kamen Dinge in ihm hoch, die er als erwachsener Mann eigentlich nicht wahrhaben wollte.

Ich habe das nicht nachgefragt, weil er in diesem Jenseitskontakt sehr viel erzählt hat und ich ihn nicht unterbrechen wollte.

Treue war für ihn aber immer mehr als kurzlebiger Sex, es war das Zurückkommen zu der einen Frau, das Miteinander, das gemeinsame Auskosten aller Facetten des Lebens.

Der Alkohol hat dem „inneren Kind" Tür und Tor geöffnet.

Er liebte meine mütterliche Seite, das Sorgen um ihn, für ihn, das alles gut für ihn machen. Als ich ihn daran erinnere, dass er immer gesagt hat. „wenn ich unterwegs bin, spiele ich Karten und trinke was, da gibt es keine anderen Frauen", lacht er.

Für den Abend, den ich auf dem Handy gefunden habe, gab es mehrere Auslöser:

Schwierigkeiten in der Firma, er stand unter Druck und musste gleichzeitig hohe Leistung bringen. Dazu kam, dass ihn etwas persönlich sehr verletzt hat. Ich frage ihn, warum er mir das damals nicht erzählt hat, aber er möchte das nach so langer Zeit nicht weiter erläutern. Es ist ihm nicht mehr wichtig.

Die Sache mit den Frauen hat er sich selbst nie eingestanden, er hat sie verdrängt.

An jenem Abend hat er nach dem Vortrag so richtig viel getrunken, in diesem Zustand konnte er loslassen.

Er sagt, dass er immer gern gefeiert und eigentlich schnell gelebt hat, er hat gespürt, das er nicht lange leben wird.

Er hatte eine große Lebenslust und konnte auch andere mitreißen.

Aber die alten Themen der Kindheit waren eingespeichert und ließen ihn nicht los.

Das Vorbild seiner Eltern: viel arbeiten, viel feiern und sich etwas gönnen, sein Vater hat sich andere Frauen gegönnt. So hat auch mein Mann gelebt, er hat es so „gelernt".

Er selbst konnte sich nicht gut kontrollieren, er nennt es fehlende Impulskontrolle. Nach drei Gläsern Bier waren alle guten Vorsätze vergessen.

Er sagt, dass es in meinem Leben jetzt stark darum geht, mich auf mich selbst zu besinnen.

Als er noch lebte, habe ich die andere Seite von ihm nicht gesehen oder nicht sehen wollen, das war Selbstschutz sagt er.

Nachdem ich das mit den anderen Frauen erfahren habe, hätte ich mich von ihm abwenden können.

Er sagt, dass ich ihn auch wie eine Mutter liebe, bedingungslos.

Es ist ihm wichtig, dass ich mir jetzt Zeit für mich nehme, weil beides funktioniert: Zeit für mich und Zeit für ihn.

In einem anderen Kontakt hat er gesagt, dass er mich schützt, dass er nicht zulässt, dass ich falle. Ich konnte mir nicht vorstellen, wie er das macht. Jetzt weiß ich, dass er anderen Menschen Impulse gibt, mir zu helfen. Oder er verhindert Situationen, in denen mir etwas zustoßen könnte. Auf meine Frage, warum ich die Sprachmemo erst jetzt gefunden habe, erklärt er mir, dass ich behütet war, diese Dinge nicht zu erfahren, behütet von meinem Geistführer und von der geistigen Welt.

Erst als ich stark genug war, wurde es zugelassen.

Für ihn selbst war nicht klar, wie ich damit umgehe.

Er ist das wichtigste in meinem Leben. Für ihn ist es schön, dass ich mich immer noch um ihn sorge.

Er sagt: „Der Tod beendet das Leben, nicht die Liebe."

Unser Leben war immer Teamarbeit, jetzt führe ich weiter, was wir gemeinsam begonnen haben.


Als ich ihn frage, ob ich die Themen Alkohol und Frauen mit ins Buch schreiben soll, gibt er mir seine ausdrückliche Erlaubnis. Diese Themen betreffen so viele Menschen, deshalb ist es wichtig, offen darüber zu sprechen. Das sieht auch die geistige Welt so.

Nach seinen langen Alkoholnächten ging es ihm immer schlecht, dazu kam das schlechte Gewissen.

Das habe ich gemerkt, ich habe dann den ganzen Tag nicht mit ihm gesprochen.

Das habe ich natürlich nicht lange durchgehalten, am nächsten Tag war alles wieder gut.

Trotzdem ist es immer wieder geschehen, er hat sich immer wieder gleich verhalten.

Der Alkohol hat viel mit ihm gemacht, er konnte nicht raus aus den Mustern seiner Kindheit, weil alles fest eingespeichert war.

Der Krebs hat auch damit zu tun, dass er nicht gelernt hat, auf seinen Körper zu achten und seine Gefühle auszusprechen. Das ist bezeichnend für einen Krebs der Stimmorgane.

Er sagt, dass er schon zu Lebzeiten Angst hatte, irgendwann so eine Krankheit zu bekommen. Trotzdem hat er weitergemacht wie immer.

Ich schreibe jetzt alles auf und gebe weiter, wie ich damit umgegangen bin. Ich bin sein „Sprachrohr".

Er konnte nicht aussprechen, was ihn bewegt hat. Die Krankheit hat ihm auch die letzte Chance dazu genommen. Aber er hätte es ohnehin nicht getan, weil er immer für mich stark sein wollte. Er sagt, dass er für mich ein Held, ein Retter sein wollte. Und mir nicht wehtun und mich nicht belasten wollte. Mein liebster Mann, gerade über unsere Gefühle hätten wir sprechen sollen, es ist schade, dass ich das jetzt nur noch mit deiner Seele besprechen kann.

Er sagt, dass es für ihn und seine Entwicklung wichtig war, dass er alles genauso erlebt hat, es war eine geplante Erkrankung. Er hat sich um mich viele Gedanken gemacht, er hat sich verantwortlich gefühlt, dass es mir gut geht. Darum hat er in allem für mich vorgesorgt. Er wünscht sich, dass ich das als sein Geschenk annehme. Das ist ihm sehr wichtig.

Er möchte, dass etwas von ihm bei mir bleibt, seine Verbindung zu mir, sein Dasein, sein Sorgen um mich, für mich, sein Gehen.

Er schickt mir beim Schreiben Impulse, ich kann seine Wärme an meinem Hals spüren, so zeigt er sich mir.

Ich frage, ob er lesen kann, was ich schreibe. Er liest nicht mehr wie ein Mensch, bei ihm geht alles viel schneller, es ist mehr die Essenz, die Gefühle, die er in Sekundenschnelle erfasst.

Als ich ihm sage, dass ich das Gefühl habe, das Buch sei gut geworden, antwortet er: „Genau das macht einen Künstler aus."

Da ist eine tiefe, warme Verbundenheit zwischen uns. Die Liebe zu ihm, die ich beim Schreiben spüre, spürt er auch. Er genießt es, dass ich mich in Verbindung zu ihm verwirkliche.

Er ist immer ganz nah bei mir und beschützt mich. Ich kann nichts schreiben, was gegen ihn ist. Beim Schreiben bin ich mit ihm verbunden.

Wenn ich dabei ein ungutes Gefühl spüre, kommt das von ihm oder von meinem Geistführer.

Dann soll ich meinem Gefühl vertrauen und etwas anderes schreiben.

Nicht nur für meinen Mann ist wichtig, was ich schreibe, sondern auch für andere Verstorbene, denn so viele haben ähnliche Fehler gemacht. Die geistige Welt wünscht sich, dass für die Verstorbenen und die Angehörigen Heilung erfolgt.

Mein Mann sagt, ich sei auf der Welt, um Heilung zu bringen. Das führt mich immer tiefer in die Liebe. Ich darf mir vorstellen, wer mein Buch liest und wie es Heilung bringt.

Mein Mann macht den Vorschlag, Teile des Buches vorab im Internet zu veröffentlichen. Die Themen wären: Alkohol, andere Frauen, Lebenspartner verloren und wie ich damit umgegangen bin. Er sagt, wie wichtig es ist, diese Dinge auszusprechen.

Ich spreche nochmal meine Schuldgefühle an, die ich in Verbindung mit dem Krankenhaus habe.

Ich habe ihm damals seinen Wunsch, dass ich mich neben ihn lege, viel zu selten erfüllt.

Er erklärt, dass es ihm damals um Nähe ging, er wollte mich dicht bei sich haben, aber er versteht, warum ich ihm seinen Wunsch nicht öfter erfüllt habe.

Nach seinem Tod hat er gesehen, wie ich mich innerlich zurückgezogen habe. Trotzdem waren wir immer verbunden. Die geistige Welt hat eine Barriere zwischen uns geschaffen, damit wir beide nicht so sehr leiden.

Mit ihm über Sterben und Tod zu sprechen, war von seiner Seite nicht gewollt, das habe ich gespürt.

Er sagt, dass er bis zuletzt gehofft hat, wieder gesund zu werden, auch das ist ein Schutz der geistigen Welt.

Für ihn ging es immer um das Leben, das Emotionale ist für den Sterbenden und die Angehörigen sehr schmerzhaft.

Er sagt, dass er sich anfangs als Patient und später als Opfer gesehen hat, das war für ihn nicht angenehm aber es hat ihn etwas gelehrt. Es war gut und wichtig für ihn, genau das alles zu erleben. Wichtig für seine Seele und seine Weiterentwicklung.

Dass er nicht mehr sprechen konnte, war genauso geplant, wie der Krebs. Für ihn war es wichtig, all das so lange zu erleben, diese Erfahrung wollte er genauso machen.

Ich frage ihn nach Zeichen. Er möchte mir Zeichen schicken, die ich noch nicht kenne. Ich habe sie erkannt, da war das leise Schnarchen, das Gefühl eines Seidentuches auf meinem Bein. Ich mag diese Art Zeichen.

Er weiß viel über meinen Körper, er macht sich Sorgen. Er weiß, dass ich zur Zeit Schmerzen in einem Knie habe und gibt mir den Tipp mit der Wärmflasche. Er sagt, dass er mir Heilung geben kann, wenn ich ihn darum bitte. (das hat übrigens funktioniert)

Wem ich Zeichen und Träume bekomme, fühle ich immer eine starke Rührung und Liebe. Er möchte nicht um Zeichen gebeten werden, er ist der Mann, er möchte, dass es so wie im Leben, von ihm ausgeht, dass er den ersten Schritt macht, um mir zu zeigen, dass er an mich denkt. Er konnte nicht ertragen, das ich ihn schwach sehe. Wenn es für seinen Seelenplan nicht richtig gewesen wäre, hätte er sich anders verhalten.

Rückblickend war die Zeit der Krankheit für ihn sehr kurz, unser gemeinsames Leben sehr lang.

Er sagt, dass seine Seele den Körper nicht mehr nähren konnte, weil sie sich schon langsam löste. In unserem gemeinsamen Lebensplan steht, dass es bei uns aktiv weitergeht, dass er mich also weiter bei allem unterstützt und immer bei mir ist.

Die Freiheit, die ich jetzt in meinem Leben habe, ist gleichzeitig Bürde und Entwicklung für mich. Ich gebe mein Wissen weiter, indem ich darüber schreibe und spreche. Ich tue es für ihn, für mich und für die geistige Welt.

Er freut sich, das ich immer Blumen neben sein Bild stelle und Kerzen anzünde. Er hat so viel Liebe für mich und er ist stolz, wie ich mein Leben meistere.

Er sagt, er hätte es nicht besser treffen können, dass er genau die richtige Frau gefunden hat.

Ich frage ihn, wie er die Situationen vor den Not-Ops. Empfunden hat. Er schildert das so: er hatte keine Schmerzen, keine Angst, er hat sehr schnell das Bewusstsein verloren, es war wie ein Schock und um ihn herum nur Trubel.

Er hätte es nicht ertragen, wenn ich ihn so gesehen hätte, darum war es besser, dass ich nie dabei war, wenn es geschah.

Er sagt, dass ich ihm im Leben viel geholfen habe, aber das es Wege gibt, die ein Mann allein gehen muss. Für ihn war das richtig, weil es sein Lebensplan so vorsah.

Alle Dinge, die geschehen sind, waren richtig und zu unserem Besten.

Sein Lebensplan auf der Erde war erfüllt, aber noch nicht sein Plan mit mir.

Wir hatten so schöne Zeiten, ich habe jetzt beim Schreiben des Buches die Gelegenheit, alles nochmal zu durchleben. Er ist immer bei mir, weil wir zusammengehören. Er passt auf mich auf, bis wir uns in der geistigen Welt wieder sehen.

Der Kontakt ist zu Ende.

Er hat alles geklärt, alle Fragen beantwortet.

Ich verstehe sein Verhalten, ich verstehe, was ihm wichtig war und immer noch ist.

Ich weiß jetzt, was ich zu tun habe.

Er bestätigte meine Vermutungen und nahm mir meine Schuldgefühle.

Er hat mir meine Lebensaufgaben gesagt.

Er hat erklärt, warum die geistige Welt mein Handeln steuert.

Wir werden weiterhin alles gemeinsam machen, das macht mich glücklich.

Ich weiß jetzt, warum mein Mann sein Leben so gelebt hat. Ich verurteile nicht, ich werte nicht, ich verstehe.

Meine Liebe zu ihm wird nur noch stärker.

Ich lerne die wahre, alles verzeihende, bedingungslose Liebe zu leben.

*Die Stille der Sehnsucht spricht lauter*
*als tausend Worte.*

# Briefe

Der erste Brief bleibt unser Geheimnis. Ich habe ihn geschrieben, du hast ihn gelesen, er liegt mit in deinem Sarg.

*Geliebter Mann,*

*April 2021*

*heute ist mal wieder ein trauriger Tag, ich habe nicht mal Lust, mir unserer „Biene" zu fahren. Wie gut, dass es regnet, das passt zu meiner Stimmung.*
*Ich weiß, dass ich ganz schön undankbar bin, denn du tust alles, um mir zu zeigen, dass du lebst. Aber ich bin ein Mensch und ich brauche dich als Menschen: deine Berührungen, deine Stimme, unsere Gespräche. Auch wenn du ganz nah bist, kann ich dich nicht spüren.*
*Viola sagt, man kann das lernen.*
*Irgendwann werde ich das können. Darauf freue ich mich.*
*Das Leben mit dir war so einzigartig wie du. Ich habe gern mit dir gelebt und ich freue mich auf ein Wiedersehen. Ich vertraue auf deine Hilfe, denn ich weiß nicht so richtig, wie ich glücklich sein soll. Es sind wahrscheinlich die kleinen Dinge, die einen Moment glücklich machen.*
*Das große Gefühl von Glück gab es nur mit dir. Habe ich dir eigentlich im Krankenhaus gesagt, dass ich dich liebe?*

*Ich weiß es nicht mehr, ich kann mich doch sonst an alles erinnern: Es tut so weh, dass man nichts mehr ändern kann. Gut, dass wenigstens du alles hörst was ich sage, deine Antwort höre ich leider nicht.*
*Aber du weißt ja, wie sehr ich dich liebe.*

*Deine Mäusi*

*Geliebter Mann,*

*Ich überlege gerade, was du jetzt wohl machst. Ich habe viel zu tun: aber für dich ist alles anders. Du musstest dich nach deinem Tod sicher erst umgewöhnen. Es gibt in der geistigen Welt keine Zeit und keinen Raum mehr. Das kann ich mir gar nicht vorstellen.*
*Du vermisst nichts, oder vielleicht doch ein kleines bisschen? Klar du kannst nie mehr mit der „Biene" fahren, du hast das Steuer selbst nicht mehr in der Hand wie sonst bei allem in deinem Leben. Aber du kannst mitfahren, das ist gut. Ich muss mich manchmal daran erinnern, dass du mich sehen kannst, aber das ist ein schöner Gedanke. Grund genug, mich für dich schön zu machen und die Wohnung zu dekorieren. Ich hoffe, dir gefällt, was du siehst.*

*Deine Mäusi*

*Geliebter Mann:*

*Juni 2021*

*Ich hatte mal wieder viel Zeit zum Nachdenken. Dann stelle ich mir vor, wie schön unser Leben noch hätte sein können.*

*Wenn du die Krankheit überlebt hättest, wäre vieles für dich vielleicht zu anstrengend gewesen und wir hätten nicht mehr in Urlaub fahren können. Aber das wäre mir egal gewesen. Du weißt: das wichtigste für mich war, dass wir zusammen waren.*

*Zu Hause hätte ich es dir besonders schön gemacht und deine Lieblingsgerichte gekocht.*

*Es sollte dir gutgehen.*

*Ich habe immer alles gerne für dich gemacht, und das wollte ich noch viele gemeinsame Jahre.*

*Du kennst meinen Kummer.*

*Aber den muss ich aushalten, ich muss mein Leben allein weiterleben.*

*Wie gut, dass du immer bei mir bist.*

*Deine Mäusi*

*Geliebter Mann,*

*du willst, dass ich glücklich bin!*
*Was erwartest du denn?*
*Dass ich froh bin, alles machen zu können, was ich will?*
*Ja, das kann ich, aber es macht mir keine Freude. Neu-*
*lich habe ich mir ein Kleid gekauft, im Geschäft gefiel*
*es mir gut, aber zu Hause musste ich daran denken,*
*dass ich es nicht mehr anziehen kann, um mit dir ei-*
*nen schönen Abend in unserem Lieblingsrestaurant*
*zu verbringen. Ich kann nichts mehr richtig genießen,*
*weil du nicht bei mir bist.*
*Der Garten ist jetzt wunderschön, auf dem Balkon duf-*
*tet es nach Lavendel, Rosmarin und Salbei. Ich hatte*
*mir alles so schön vorgestellt, es hat mir auch Freude*
*gemacht zu planen und zu pflanzen.*
*Aber jetzt ist alles fertig und ich bin traurig. Du bist*
*da, das weiß ich, aber ich würde dich so gern wieder*
*in den Arm nehmen.*

*Deine Mäusi*

Geliebter Mann,

du hast sogar nach deinem Tod nicht aufgehört, dich um mich zu sorgen. Ich tue es auch immer noch, obwohl ich weiß, dass es dir gut geht. Du hast mir gezeigt, dass du lebst. Deine Liebe, dein Schutz, deine Hilfe, wenn sie nötig ist, dein Trost, deine Nähe, all das gibst du mir immer.
Danke, dass du für mich da bist und immer sein wirst. Danke, dass ich jetzt weiß, dass du mich sehen und hören kannst. Dass du an meinem Leben teilnimmst, macht mich glücklich.
Danke für deine Liebe, danke für deine Zeichen und ganz besonders für unsere „Gespräche" mit Violas Hilfe. Danke, dass du mir meine Lebensaufgabe genannt hast. Ich werde versuchen, sie zu erfüllen.

Deine Mäusi

*Geliebter Mann,*

*Oktober 2021*

*jetzt haben wir schon zum dritten Mal Oktober seit
du gegangen bist.*

*Du mochtest die Birke in unserem Garten am liebsten
im Herbst, wenn sie gelb bunte Blätter hatte und die
Sonne darauf schien. Ich mag die Birke am liebsten im
Frühling, wenn die Blätter zart grün sind. Du warst
immer ein „Sommermensch", du mochtest die Sonne und die Wärme. Ich mag es eigentlich lieber kühl,
aber langsam fange ich an, auch die Wärme zu hieben.
Das hast du also auch geschafft.*

*Weißt du, was mir gerade einfällt?*

*Jetzt hast du nie mehr kalte Füße im Bett. Wie schade,
dass wir uns nicht mehr gegenseitig wärmen können.
Ich vermisse dich so.*

*Deine Mäusi*

*Geliebter Mann,*

*November 2021*

*in der Welt geschieht gerade so viel Schlimmes, das weißt
du ja. Alles ist irgendwie durcheinander, Corona wird
immer schlimmer, die Umwelt ist zerstört, die Menschen tun schlimme Dinge. Ich möchte so gern mit dir
darüber sprechen, so wie wir es früher gemacht haben.
Du hast es immer geschafft mich aufzumuntern.
Das fehlt mir.
Aber am meisten fehlt mir deine Nähe, das einfach
füreinander da sein.
Ich versuche stark zu sein, damit du stolz auf mich bist.*

*Deine Mäusi*

*Mein Liebster,*

*warum kann ich mich nicht damit abfinden, dass du
gegangen bist?*
*Warum wünsche ich mir, was nie geschehen wird? Ich
weiß, wenn ich leide, mache ich es dir schwer mich zu
erreichen und mir Botschaften zu schicken. Aber es tut
so weh, dass du nie mehr körperlich bei mir sein wirst.
Ich habe in meinem Buch geschrieben, dass die Trauer
mir gehört, aber oft wünschte ich, ich könnte über dich
sprechen. Über das, was du aushalten musstest, und
darüber, wie du mir fehlst. Die Kinder sprechen nicht
über dich, ich weiß nicht, was sie wirklich denken.
Das tut mir weh, ich verstehe es nicht.
Ich muss daran denken, dass jeder anders trauert.
Was mir bleibt, ist, dich zu lieben wie du immer warst.
Und doch bist du jetzt so viel mehr.*

*Deine Mäusi*

*Geliebter Mann,*

*Februar 2022*

*Jeder intensive Gedanke an dich bringt mich zum Weinen. Du hast gesagt: dass meine Tränen unsere Verbindung sind. Gut, ich werde also weiter weinen, denn ich werde weiter an dich denken.*

*Habe ich dich genug geliebt?*

*Ich denke, es gibt nie genug Liebe. Nachholen kann ich nichts mehr, so gern ich das auch tun würde.*

*Manchmal fühle ich die Traurigkeit und auch die Schuldgefühle sehr stark, ich kann das einfach noch nicht loslassen. Das wäre für mich wie ein Vergessen wichtiger Dinge in meinem Leben. Ich weiß, wie sehr mich das runterzieht, du hast mir in den Jenseitskontakten die Schuldgefühle genommen. Trotzdem ist für mich das alles noch da und es beschäftigt mich.*

*Du willst, dass es mir gut geht.*

*Irgendwann wird vielleicht alles besser.*

*Dann kann ich akzeptieren, dass du nie mehr körperlich bei mir sein wirst. Jetzt gibt es für mich nur Liebe verbunden mit Sehnsucht und Schmerz. Du hast gesagt, dass ich das weiterführen soll, was wir gemeinsam begonnen haben. Wir werden es auch jetzt gemeinsam tun. Du hast gesagt, dass du das wichtigste in meinem Leben warst und bist.*

*Aber mir fehlt deine körperliche Präsenz und Nähe, mir fehlt die Stärke, mit der du immer alles geregelt hast. Ich weiß, ich muss stark sein, damit du auch weiterhin stolz auf mich bist.*

*In Liebe deine Mäusi*

*Mein Liebster,*

*ich habe dich oft gefragt, was du denkst und du hast dich meistens raus geredet.*

*Du wolltest es nicht sagen, aber die Wahrheit ist wohl eher, dass du es nicht sagen konntest.*

*Du bist so erzogen worden.*

*Ich konnte damit leben, denn ich habe meistens gefühlt, wie es dir geht, aber für dich wäre es besser gewesen, alles auszusprechen.*

*Auch heute denke ich oft, was du jetzt wohl machst, was du jetzt denkst.*

*Weißt du, was mich besonders freut? Ganz viele Dinge, die ich nach deinem Tod aufgeschrieben habe, hast du auch in den Jenseitskontakten gesagt.*

*Bei den Jenseitskontakten fühlte ich mich dir besonders nah. Viola sagt, dass du dich immer so für mich gefreut hast, wenn wir ein „Gespräch" hatten.*

*Ich werde das wohl erst mal nicht mehr machen. Ich weiß, dass du das verstehst. Du kannst ja immer bei mir sein.*

*Deine Mäusi*

*Geliebter Mann,*

*Mai 2022*

*wenn ich auf dem Friedhof bin, trauere ich um deinen Körper, der mich geliebt und gestreichelt hat, der für mich gesorgt hat, bei dem ich mich immer so sicher gefühlt habe.*
*Solange ich einen Körper habe, werde ich deinen Körper vermissen.*
*Ich weiß, dass du das verstehst.*
*Du fehlst mir, obwohl ich weiß, dass du da bist. Es gibt immer noch diese Momente, in denen ich ein Gefühl habe, das ich nicht beschreiben kann. Dann kann ich nicht glauben, dass du nicht wiederkommst, du warst doch da! Wir haben zusammen gelebt, dafür gibt es Beweise!*
*Das ist dann der Moment, in dem ich weinen muss. Manchmal wünsche ich mir, dass alles nur ein Traum war. Ich möchte aufwachen, und alles ist wie früher.*

*Deine Mäusi*

# Endlos

*Ich werde dich vermissen, solange ich lebe*
*ich werde mich nach dir sehnen, solange ich lebe*
*wir werden uns lieben, bis in alle Ewigkeit.*

In diesem Kapitel beschreibe ich den vorläufig letzten Jenseitskontakt mit meinem Mann. Darin ist noch einmal alles enthalten, was ich in den anderen Kapiteln erzähle, nur diesmal aus seiner Perspektive, als Seele in der geistigen Welt. Mit der Erfahrung seines Menschenlebens.

Er beschreibt, was er erlebt hat, wie er jetzt alles sieht, was er fühlt.

In diesem vorläufig letzten Kontakt hat er alle Fragen beantwortet und alles gesagt.

Auch er hat sich lange darauf gefreut, dass wir wieder sprechen können. Seit ich vor Monaten diesen Termin gemacht habe, hat er gewusst, dass wir wieder einen Kontakt haben werden. Er ist sehr glücklich. Wenn er hier wäre, würde er mich in den Arm nehmen, mit Tränen in den Augen. Viola übersetzt: ihm platzt das Herz vor Freude.

Er sagt, dass unsere Liebe endlos ist.

Besser kann man es nicht beschreiben.

Die Jenseitskontakte sind nicht nur für mich sondern auch für ihn von großer Bedeutung. Das Wort „Jenseitskontakt" klingt erst einmal nüchtern, aber es sagt in keinster Weise aus, was dabei wirklich geschieht und welche Gefühle dabei ausgelöst werden. Auf beiden Seiten. Für mich war es jedes Mal das Erleben purer Liebe. Vor Rührung kamen mir ständig die Tränen. Aber nach jedem Kontakt fühlte ich mich gestärkt, es war wie ein Energieschub, wie neue Lebenskraft.

Ich war glücklich, obwohl ich doch um meinen Mann trauerte.

Diesen Zustand nannte ich „wie auf Wolke 7", und er hielt lange an.

Die Jenseitskontakte haben mir in der ganzen Zeit am meisten geholfen.

Mein Mann sagte mir immer wieder, dass er mich liebt, dass er immer da ist, dass er mich sieht, dass er alles mitbekommt. Er gab mir das Gefühl, dass er da ist, nur sehen könne ich ihn nicht. Also lebte ich von da an mit einem unsichtbaren Ehemann, das war genau das Gefühl und so habe ich mich verhalten. Ich war ihm sehr dankbar.

Und dann waren da zwischendurch immer kleine Beweise, dass er mich sieht, dass er an mich denkt, er schickte mir Zeichen und Träume. Ich war und bin ihm wichtig.

All das hat er in allen Jenseitskontakten bestätigt.

Er wusste, wie er mich trösten konnte. Ganz langsam ging es mir besser.

Je mehr Kontakte ich mit ihm hatte, desto präsenter wurde er wieder für mich. Bei jedem Kontakt erfuhr ich mehr über ihn, über seine Gefühle, über unser Leben vor seinem Tod. Er erklärte sein Handeln, warum alles so geschehen war.

Ich konnte alles fragen, er hat geantwortet. Es ist ein Gespräch mit Violas Hilfe.

In einem Kontakt sagte er: zwischen uns ist alles geklärt", das hat mich sehr beruhigt.

Er hat mir meine Schuldgefühle genommen.

Auch darum sind die Kontakte für mich so unglaublich berührend und wundervoll.

Ich lernte meinen Mann neu kennen und ich verliebte mich neu in ihn. Er ist so wie er immer war und doch jetzt so viel mehr.

Er ist der Mann, den ich über alles liebe, und der mich über alles liebt.

Immer, wenn ich an ihn denke, kommen mir Tränen der Rührung und ein starkes Gefühl von Liebe zu ihm, mir wird warm ums Herz. Das ist unsere Verbindung. Das hat er schon in den ersten Kontakten beschrieben. Er gab mir auch den Rat, weniger zu denken und mehr zu fühlen, um ihn besser zu spüren.

Dieser letzte Kontakt war aber noch mal besonders: er hat mir gesagt, was meine Liebe jetzt für ihn bedeutet, und was seine Liebe für mich bedeutet.

Er fühlt, dass ich oft voller Liebe an ihn denke, wir sind zusammen sagt er. Das ist so wertvoll.

Er möchte, dass ich einige Punkte im Buch besonders hervorhebe.

Unsere Liebe wächst nach seinem Tod weiter, das ist das Besondere an unserer Geschichte.

Unsere Liebe war von Anfang an da, wie selbstverständlich. Das haben wir gefühlt.

Wir liebten uns und lieben uns immer noch.

Wir waren Seelenpartner und haben uns gemeinsam weiterentwickelt. Wir' wollten den anderen nie verändern. Wir waren zufrieden, wie wir waren.

Wir waren zufrieden, wie es war.

Mein Mann sagt: „Das ist ein Geschenk."

Ich helfe meinem Mann durch meine Liebe, in der geistigen Welt ein reiches Seelenleben zu haben. Als ich seinen Seelenplan verstand, begriff ich, dass mein Seelenplan mit seinem verbunden war, meine Themen wie Verlustängste, Angst vor Krankheit und Tod wurden mir durch ihn gespiegelt. Ich habe sie mit ihm immer wieder durchlebt. Meine Angst vor dem Tod hat er mir durch seinen Tod genommen, durch die Gewissheit, dass er lebt und dass es ihm gut geht.

In einem Kontakt sagte er: „Unser Leben war Teamarbeit, aber es geht aktiv weiter."

Er sagt" Wenn es kein Zurück gibt, gibt es nur ein Voraus, das gilt für mich, das gilt auch für dich."

Ich werde eine Zeit lang warten, bis wir wieder einen Kontakt haben. Es soll ja etwas Besonderes bleiben. Aber ich werde es auf jeden Fall wieder tun. Weil ich mich darauf freue und weil ich weiß, dass auch er sich darauf freut.

Wir sprechen noch mal über seine Krankheit und seinen Tod.

Ich musste mit ansehen, wie er leidet, ich konnte nichts tun. Es war eine grausame Krankheit, die ihm nach und nach alles genommen hat.

Ich habe den Zeitpunkt seines Todes bestimmt und war dann nicht dabei, als er starb. Danach hatte ich quälende Schuldgefühle, weil ich mein Versprechen, ihn nicht allein zu lassen, nicht gehalten hatte.

Er hat das hinter sich gelassen, in mein Gedächtnis ist es wie eingebrannt.

Ich habe einen todkranken, sterbenden Mann gesehen, er dagegen war genau zu dieser Zeit schon mal ab und zu auf der anderen Seite, um zu sehen, wo er hingehen wird. Er war in einem sehr angenehmen Zustand, ohne Angst, ohne Schmerzen.

Er hat keine Schwäche vor mir gezeigt, weil mich schützen wollte. Deshalb war er manchmal froh, wenn ich in kritischen Situationen nicht dabei war.

Er konnte nicht für mich da sein, nichts für mich tun, obwohl er es gern gewollt hätte.

Es ist so: wir hatten beide unterschiedliche Lebensaufgaben zu bewältigen, zusammen und doch allein, jeder für sich.

Er sagt, ich mache mir so viele Gedanken über das alles, für ihn ist das vergessen, er hat alles losgelassen.

Und ja, es war ein harter Weg, eine unglaublich zermürbende Krankheit. Aber das war sein Weg, sagt er.

Hätte ich irgendetwas anders gemacht, hätte ich seinen Seelenweg unmöglich gemacht, seinen Erfolg verhindert. Er hatte Erfolg, er hat seine Seelenaufgabe gemeistert.

Meine Selbstvorwürfe löst er auf, indem er sagt, dass es für ihn überhaupt nicht schlimm war, dass ich oft nicht da war. Er war beschützt und behütet von der geistigen Welt, er war nicht allein. Er hat nicht mehr viel mitbekommen, es war mehr wie ein Rauschen. Er war immer froh, wenn er dämmern und schlafen konnte, und nicht gestört wurde.

Er hat mich ganz leise gehört und gespürt. Er war wie in einem Traum, wenn man noch nicht ganz wach ist.

Er hatte keine Angst, keine Schmerzen, er fühlte nur Liebe.

Manchmal war er ganz kurz auf der anderen Seife, um zu schauen, wo es hingeht. Er war berührt.

Er hat sich langsam aus seinem Körper bewegt, weil er noch sehr stark bei mir war im Zimmer.

Als er rüber kam, hat er Zeit gebraucht, um wieder in Worten zu denken.

Er sagt, dass er sich langsam wieder entdeckt hat. Seine sensible Art, seine Seelenenergie. Nach seinem Tod hat er mir viele Zeichen, Träume und Ereignisse geschickt. Er hat alle in den Jenseitskontakten bestätigt.

„Danke für dein Zeichen, heute am Tag des Kontaktes. Du hast schon an mich gedacht.

Ich natürlich auch. Und dann geschieht folgendes: ich wollte im Fernsehen die Nachrichten sehen, es war aber ein anderer Sender eingestellt. Warst du das?

Sylt, Hotel Miramar, mit der Bar, wo wir oft gesessen haben und gleich danach der Aibsee in Bayern. Dort hat es uns auch gut gefallen. Das war kein Zufall, das weiß ich mittlerweile. Ich kenne dich und weiß, worauf ich achten soll, und ich spüre, wenn es ein Zeichen von dir ist.

Danke, mein Liebster."

Das war nicht immer so, er hat selbst gesagt, dass ich viele Zeichen nicht gesehen habe.

Das hat mir immer leid getan, ich habe bestimmt viel Schönes verpasst.

Er hat sich aber etwas neues überlegt: er schickt jetzt immer doppelte und dreifache Zeichen. Zum Beispiel Autokennzeichen. Das ist interessant, denn immer, wenn ich darauf achte, passiert nichts. Aber wenn ich abgelenkt bin beim Autofahren, bekomme ich den Impuls: schau hin, und das Zeichen ist da.

Es hilft nicht, um Zeichen zu betteln. Das mag mein Mann gar nicht. Er ist der Mann, er bestimmt selbst, wann er Zeichen schickt. Da ist er wie früher.

Sein erstes doppeltes Zeichen war der Dompfaff, der jetzt mit seinem Partner zum Futterhäuschen kommt. Diesen Vogel hatte er mir beim allerersten Jenseitskontakt an meinem Geburtstag geschickt. Sein bis hierher letztes Zeichen war interessant: ich hatte eine bestimmte Frage und suchte in allen meinen Büchern, fand aber keine Antwort. Da bekam ich von Amazon einen Buchvorschlag auf mein Handy. Ich bestellte das Buch und fand die Antwort auf meine Frage.

Im Jenseitskontakt beschreibt mein Mann es so: ich habe manchmal so spezielle Fragen, die sind wie die Nadel im Heuhaufen. Ich grabe mich durch den Heuhaufen, also durch alle meine Bücher, und er weiß sofort, in welchem Buch die Antwort steht.

Er zeigt Viola ein A für Amazon. Wir haben beide gelacht, das ist mein Mann.

In diesem Kontakt spricht er von sich aus mein Buch an. Er weiß, dass ich mit ihm darüber sprechen möchte.

Er freut sich, er ist total happy, wenn es um mein Buch geht. Aber es ist ja auch sein Buch, das es ohne ihn nicht geben würde. Er selbst hat Vorschläge gemacht und mir Tipps gegeben.

Er spürt meine Ängstlichkeit, dass dieses Buch nicht gedruckt wird, dass es niemand liest. Er sagt „du hast alles gegeben, alles getan, was du konntest." Es ist wichtig, dass ich das Buch beseele, belebe. Ich soll wieder mehr darüber reden, er weiß, dass ich das in der letzten Zeit nicht so oft gemacht habe.

Er zeigt: wenn ich mir wünsche und vorstelle, wie mein Buch von anderen gefunden und gelesen wird, wie es durch Hände wandert, dann wird es hinein gezogen in die Realität.

Es ist eine Frage der Energie, der Energiebahnen. Er zeigt das Beispiel eines Kassenrollbandes. Mein Buch liegt schon auf diesem Band, je mehr ich es mit Liebe und Energie fülle, desto höher ist es aufgeladen. Desto eher wird es angezogen von den Menschen, die es lesen möchten, also von der Realität an sich. Er sagt, dass es wichtig ist, dass es ein Buch wird, dass man auch mal aus der Hand geben kann zum Lesen, es muss materialistisch werden. Es gibt viele Verleger, die von der Idee erfahren dürfen.

Er ist so stolz auf mich, dass ich das Buch geschrieben habe. Mich macht es stolz, dass ich etwas geschaffen habe, für ihn und für mich. Die Arbeit an unserem Buch hat mir so viel Freude gemacht und mir Lebenskraft gegeben. Ich danke dir dafür.

Ihm gefällt der Titel „Endlos". Dieses Wort hat er selbst durchgegeben.

Er möchte, dass ich in meinem Buch einige Punkte aus dem diesem Jenseitskontakt hervorhebe.

Dass unsere Liebe auch nach dem Tod wächst, dass sie von Anfang an da war, dass wir den Anderen nie verändern wollten, dass wir zufrieden waren, wie es war. Ihm gefällt meine Idee, Bilder von uns mit ins Buch zu nehmen. Er zeigt „das wird jeder lieben". Es ist ihm wichtig, dass die Menschen Bilder von uns sehen. Aber er möchte, dass er auf den Bildern „gepflegt rüber kommt".

Er freut sich, dass ich so viel Liebe in das Buch stecke, aber er hat das Gefühl, dass das Buch noch nicht ganz fertig ist. Stimmt, dieses Gefühl hatte ich auch. Die Beschreibung dieses Jenseitskontaktes hat gefehlt. Jetzt ist es vollständig.

Er ist gespannt, wie das Buch aussehen wird, wenn es gedruckt ist. Er freut sich darauf.

Er wünscht mir, dass ich mein Buch endlich in den Händen halten kann.

Das wünsche ich mir auch. Ich möchte durch dieses Buch mein Wissen weitergeben, dass es nach dem Tod weiter geht. Wir alle sind Seelen, die eine irdische Erfahrung machen. Wir lernen lieben, wir leben Liebe.

Er möchte mir auch etwas zu meinem Leben sagen.

Er spürt manchmal Stress und eine gewisse Ängstlichkeit bei mir. Das sagt er sehr liebevoll, er erinnert mich daran, wie er mir früher geholfen hat, wie er mich unterstützt hat, wem ich nicht so richtig an mich geglaubt habe. Er sagte: „Du schaffst das schon." Stimmt, und es hat immer geholfen. Daran soll ich denken.

Durch ihn wurde ich immer wieder auf meine Grundängste hingewiesen, musste sie immer wieder durchleben.

Er war meine Hilfe bei meinem Lebensplan, ich seine bei seinem Lebensplan.

Er weiß, dass ich mich oft frage: soll ich es so oder so machen, mache ich es richtig, ist das der richtige Weg? Er sagt, dass ich den Weg wissen möchte, bevor es los geht.

Darauf hat er eine Antwort: „Augen zu und durch!"
„Stell dir vor, deine Aufgaben sind Schaumstoff und vor
dir aufgebaut. Du kannst das Ziel nicht sehen. Fahr einfach durch und schau, wie sich die Probleme und Unsi-
cherheiten auf einmal lichten.

Sie sind nur Schaumstoff, dir kann nichts geschehen.

Frag dich auch nicht, wer genau in der Nähe oder da
sein wird. Die richtige Person wird da sein und dir die
Hand reichen. Du wirst sie an den Augen erkennen."

Er möchte, dass ich wieder reise, Konzerte besuche.
Er sagt, dass das wichtig für mich sei.

Er möchte, dass ich mein Leben so genieße, wie wir
beide es getan haben.

Er weiß, dass es mir noch schwerfällt, aber er spürt,
dass es langsam bergauf geht.

Er möchte noch einmal über unsere Liebe sprechen.

Er sagt, dass das Band zwischen uns so stark ist wie
eine goldene, geschmiedete Kette.

Es ist etwas besonderes entstanden. Er sagt, dass ich
diejenige bin, die diese Kette schmiedet, diese Verbindung zulässt.

Dafür möchte er mir danken, das ist so wundervoll
für ihn. Das verstärkt die Liebe zwischen uns. Er zeigt,
dass ich so viel hinein gebe, indem ich voller Liebe an
ihn denke. Dass ich damit noch immer etwas für meinen Mann in der geistigen Welt tun kann, macht mich
glücklich und stolz.

Er sagt, dass nicht alle in der geistigen Welt so enge
Bänder mit ihren hinterbliebenen Menschen in der irdi-
schen Welt haben. Er ist gesegnet. Er fühlt sich besonders, weil er durch mich ein sehr reiches Gefühlsleben
hat. Ich verstehe, was er damit sagen möchte: weil ich

ihm jeden Tag meine Gefühle sage und wie sehr ich ihn liebe, gebe ich viel hinein. Seine Gefühle werden mehr, weil sie durch meine Gefühle mehr werden.

Ich bin seine große Stütze, wenn ich es nicht hinein geben würde, wären sein Liebe und seine Mühe umsonst. Er zeigt als Beispiel einen Hefeteig. Unsere Liebe ist wie ein Hefeteig, der sehr schön aufgeht.

Wir haben uns geliebt, und lieben uns immer noch. Das zu wissen, ist auch für unsere Kinder wichtig. Es ist heilsam und wunderschön, das zu spüren. Er betont noch einmal: „Dafür sind wir da. Du hast es erkannt."

Er gibt wieder das Lied „Liebe IST" von Nena durch.

Unsere Liebe war von Anfang an da, sie war so selbstverständlich, wir gehörten zusammen.

Wir gehören immer noch zusammen, denn nach dem Tod geht unsere Liebe weiter. Ich habe gespürt, dass unsere Liebe nach seinem Tod mehr wird, stärker wird. Er bezeichnet sie in diesem Kontakt als „ENDLOS". Das, sagt er, ist das Besondere an unserer Geschichte.

Er hat sich so gefreut, dass er mit mir sprechen darf, er hat so lange darauf gewartet. Er ist glücklich. Jetzt ist alles gesagt. Er liebt mich so sehr.

Ende des Jenseitskontaktes.

Wenn ein geliebter Mensch in die geistige Welt zurück geht, hat man ihn nicht verloren.

Es ist nichts verloren, es ist alles noch da, denn Liebe geht nicht mit dem Tod verloren.

Liebe geht nach dem Tod weiter.

Das ist eine unglaublich tröstliche Gewissheit.

Wir können unseren lieben Verstorbenen nicht mehr sehen, aber wir können ihn fühlen.

Wir können noch immer etwas für ihn tun, indem wir voller Liebe an ihn denken.

Das hilft ihm in der geistigen Welt, und das hilft auch uns. Diese Liebe hilft uns, weiter zu leben. Diese gegenseitige Verbindung bleibt dann für immer, denn Liebe bleibt für immer.

Mein geliebter Mann, ich gebe dir nicht nur meine Liebe, ich widme dir dieses Buch.

Ich liebe dich für alles was war und für alles was jetzt ist. Danke für alles.

*Liebe ist der einzige Sinn des Lebens,*
*Liebe ist für immer.*

*April 2023*

*Endlich wieder ein neuer Traum! Ich habe lange gebettelt, obwohl ich weiß, dass er das nicht mag.*
*In diesem Traum räumte ich im Schlafzimmer Wäsche weg, als er mich von hinten umarmte. So hat er es zu seinen Lebzeiten oft gemacht. Er sagte: „Mein Ohr ist ganz trocken", das war ein Hinweis auf seine Krankheit. In seinen Ohren hatte sich Wasser gesammelt, deshalb konnte er nur noch wenig hören. Es war aber gleichzeitig die Bestätigung, dass es ihm jetzt gut ging. Dann legte er die Tageszeitung aufs Bett. Die Zeitung war so gefaltet, wie ich sie seit einigen Wochen von dem neuen Zeitungsboten bekam.*
*In diesem Traum fühlte ich mich sowie früher – geborgen in seiner Nähe.*
*Und genau das war seine Absicht.*

*April 2023*

*Geliebter Mann oder meine Seelenliebe,*

*wie ich dich jetzt manchmal nenne ich habe in der letzten Zeit viel gelesen und gelernt.*
*Ich weiß jetzt, dass wir uns in der geistigen Welt vorgenommen haben, bestimmte Dinge zu lernen.*
*Wir wollten es gemeinsam tun, deshalb hängen unsere Seelenpläne so eng zusammen.*
*Wir sind fast gleichzeitig inkarniert und es gab die perfekte Nähe mit nur zwei Kilometern Unterschied. Als ich einen Beruf erlernen wollte, bei dem wir uns vermutlich nicht getroffen hätten, wurde ich von einer Krankheit gestoppt. Wir wissen beide, wie es weiter ging. Die geistige Welt hatte immer die Fäden in der Hand, das weiß ich jetzt.*
*Du hast deinen Seelenplan viel schneller erfüllt, aber du hast ja schon immer „schneller" gelebt und alles ausgekostet, was möglich war.*
*Ich bin noch oft sehr traurig, aber das weißt du ja.*
*Eigentlich sollte ich mich für dich freuen, aber das schaffe ich noch nicht.*
*Ich empfinde noch immer den gleichen Schmerz wie nach deinem Tod.*
*Vielleicht könnte ich sonst nicht so darüber schreiben und die richtigen Worte finden. In mir gibt es diesen einen Wunsch, der natürlich nie in Erfüllung gehen wird: noch einmal mit dir unser Leben leben.*

*Das ist menschlich, ich bin ein Mensch und ich erlaube mir so zu fühlen, auch deshalb, weil ich mir nicht vorstellen kann, dass es bei dir in der geistigen Welt so viel schöner ist.*

*Wir haben jetzt fast Mai, der Monat, in dem du geboren wurdest, und der für mich der schönste Monat im Jahr ist. Es ist so schön in der Natur und das kann ich auch wieder genießen.*

*Du hast dir für mich gewünscht, dass ich mein Leben so genieße, wie wir es früher gemeinsam getan haben. Ich versuche es in kleinen Schritten, anders geht es nicht, denn du fehlst bei allem.*

*Es tut gut zu wissen, dass du mich mit deinen Zeichen tröstest. Verzeih mir, wenn ich sie manchmal nicht erkenne.*

*Das Buch ist fast fertig, ich füge nur noch Kleinigkeiten hinzu wie diesen Brief und ein Lied, von dem ich denke, dass es gut zum Kapitel Abschied passt.*

*Es gibt in unserem Buch also nicht nur die Lieder, die du durchgegeben hast, sondern auch ein Lied von mir Das sage ich jetzt so, aber vermutlich hast du es mir geschickt.*

*Diesen Brief habe ich mal wieder im Morgengrauen geschrieben, wie so oft. Da ist es ruhig und ich bin ungestört – wir beide sind ungestört.*

*Ich liebe dich so sehr, das ganze Buch ist eine Liebeserklärung an dich. Ich kann es kaum erwarten, bis es endlich gedruckt ist.*

*Heute Morgen habe ich mir überlegt, wie das Cover aussehen soll: der Strand von Langeoog, das Meer, der Himmel voller Wolken und davor ein roter Herzluftballon. Der ist für dich.*

*Langeoog war für uns beide wichtig.*
*In einigen Tagen hättest du Geburtstag.*
*Ich denke an dich. In Liebe. IMMER.*

*Deine Mäusi.*

# Schlusswort

Es steht am Ende eines Buches, wenn man alles gesagt hat.

Das Buch ist fertig, ich habe es geschafft.

Ein Irrtum meinerseits, der im letzten Jenseits-kontakt aufgezeigt wurde. Ich bekam neue Informationen von meinem Mann. Er machte auch Vorschläge zu Titel und Verlag, und er wünschte sich, dass er auf den Fotos, die ich mit ins Buch nehmen möchte, „gepflegt" aussieht.

Versprochen, ich suche nur Bilder aus, auf denen du gut aussiehst.

Es ist immer wieder spannend, zu erleben, wie die geistige Welt arbeitet. Über den Umweg zu einem Buchvorschlag, den ich auf dem Handy erhielt, und den Informationen meines Mannes zu meinem Buch, kam ich an einen Punkt, an dem ich einige Kapitel umschrieb und ein ganz neues Kapitel schrieb: „Endlos." Es beschreibt unsere Liebe.

Ich danke meinem Mann und der geistigen Welt für ihre Hilfe in dieser Situation.

Die Geschichte unseres Lebens habe ich aufgeschrieben, die Geschichte unserer Liebe endet nicht, sie geht aktiv weiter. Ich kann sie nur bis hierher aufschreiben.

Mein Mann ist immer bei mir, ich bin nie allein. Auch die geistige Welt ist immer in der Nähe.

Ich finde, das ist ein schöner Gedanke.

Mein Mann hat oft gesagt: „wenn sich eine Tür schließt, öffnet sich eine andere."

In einem Jenseitskontakt hat er gesagt: „wenn du durch diese Tür gehst, gibt es kein Zurück."

Stimmt, denn was ich jetzt weiß, werde ich nie wieder vergessen.

Dieses Buch habe ich geschrieben, weil er es sich, auch für mich, gewünscht hat. Er hat mir aktiv dabei geholfen, das Buch ist also, Teamarbeit von uns beiden. So war es auch in unserem Leben.

Das „Buch" war anfangs nur eine Zettelsammlung, bis ich alles in eine Kladde schrieb. Damit ich nur ja keinen Gedanken vergaß, hatte ich bald fast in jedem Raum ein Notizheft, sogar im Auto.

Im Schlafzimmer tauschte ich das Notizheft nach kurzer Zeit gegen eine große Kladde ein, denn das wurde der Raum, in dem ich dieses Buch schrieb, meistens Nachts oder gegen Morgen, wenn ich nicht schlafen konnte. Als das Manuskript fertig war, hatte ich noch einige Hürden und Schwierigkeiten zu überwinden, da war zum Beispiel die „Word Fassung", die der Verlag brauchte. Und das bei meinen mangelnden Computerkenntnissen. Aber mit der Hilfe meiner Autorenbetreuerin ist auch das geschafft, und heute, fast fünf Jahre nach den allerersten Notizen, ist es endlich fertig. Mein Mann hatte recht, als er mir in einem Jenseitskontakt sagte: „Fang endlich an, du brauchst Zeit."

Ich bin glücklich, ich empfinde eine tiefe Ruhe, Zufriedenheit und Dankbarkeit.

Ich habe einen Teil meiner Lebensaufgabe geschafft.

Ich habe die lange Zeit durch gehalten, ich habe nicht aufgegeben. Ich wusste ja, warum ich das tat.

Meine tägliche Arbeit macht mir Freude, ich freue mich über kleine Dinge. Alles könnte so schön sein, wenn er mir nicht so sehr fehlen würde.

„Lächeln unter Tränen", so lebe ich jetzt. Auch das hat mein Mann gesagt.

Das Buch wird gelesen werden, es gibt kein Zurück.

Es gibt auch kein Zurück in mein „altes" Leben, aber es gibt mein Leben mit ihm an meiner Seite, mit seiner Liebe, die immer spürbar ist.

Ich weiß, dass er stolz auf mich ist und sich genauso über unser Buch freut, wie ich.

Die Liebe und die Achtung, die ich für ihn empfinde, sollen in diesem Buch immer spürbar sein.

Dann habe ich erfüllt, was er sich für mich wünscht: dass ich die Liebe zu ihm in Worte fasse, damit andere Menschen berühre und ihnen in ihrer Trauer helfe.

„Geliebter Mann, du warst ein besonderer Mensch, jetzt bist du meine Seelenliebe.

Es ist dein Buch und es ist unser Buch, es ist meine Liebeserklärung an dich.

Danke für alles."

## So kann man Erinnerungen greifbar machen:

- Die Eheringe einschmelzen und daraus einen Ring machen lassen
- Ein Fotobuch mit Fotos der schönsten Erlebnisse machen
- Eine Bettdecke oder ein Schmusetier aus Lieblingskleidungstücken des Verstorbenen herstellen
- Eine Kette mit einer Haarsträhne des Verstorbenen tragen
- Musik hören, malen, schreiben
- Der Glaube
- Stille
- Mit dem Liebsten reden
- Briefe an den Liebsten schreiben
- Eine Kerze und eine Blume neben das Foto des Liebsten stellen
- Die Kerze jeden Tag anzünden
- Ein Spaziergang zum Grab
- Musik hören, die der geliebte Mensch mochte
- Speisen zubereiten, die er gerne mochte
- eine Rose aufs Grab legen
- Der Gedanke, dass man irgendwann wieder zusammen ist

# Geistführer

Geistführer sind Energiewesen, die uns schon immer begleitet haben und uns immer begleiten werden. Sie unterstützen uns und achten darauf, dass wir dem Lebensplan folgen, den wir gewählt haben. Sie lieben uns bedingungslos, dafür sollten wir dankbar sein.

Sie geben uns Impulse und Zeichen. Das geschieht meistens im Außen, zum Beispiel durch TV Sendungen, Zeitungsartikel oder durch das, was uns andere Menschen erzählen.

Die Geistführer lenken unsere Aufmerksamkeit auf bestimmte Dinge.

Als mein Sohn und ich meinen Mann beim Bestatter zum letzten Mal am offenen Sarg besuchten, stand auf anderen Straßenseite ein großer Wagen mit der Aufschrift „Erdinger Weißbier". Wir haben es beide bemerkt und uns daran erinnert, wie gern er dieses Bier mochte.

Sie helfen gerade in schweren Situationen, sie geben dann wirklich sehr starke Impulse.

Das habe ich selbst erlebt, als ich kurz vor dem Tod meines Mannes aus der Situation genommen wurde. Mein Geistführer und der Geistführer meines Mannes haben zusammen dafür gesorgt, dass ich nach Hause fuhr. Mein Mann hat das in den Jenseitskontakten bestätigt.

Unsere beiden Geistführer haben uns auch geschützt, als die Halsschlagader meines Mannes mehrmals riss. Auch das hat er in den Jenseitskontakten bestätigt.

Auch wenn man die Geistführer nicht wahrnimmt, wird man doch auf der unbewussten Ebene von ihnen geführt und geleitet.

Sie erschaffen oft Umstände und Bedingungen in unserem Leben, an denen wir wachsen und lernen können.

Sie geben uns durch Gedankenblitze Botschaften, lassen ein Gefühl oder einen Gedanken entstehen und unterstützen uns in unseren Träumen, so dass unsere Entwicklung gefördert wird.

Jeder bekommt die Führung, die er braucht.

Ein Geistführer hilft immer, er lässt uns nie im Stich. Manchmal ist es nicht die Hilfe, die wir uns erhofft haben, aber ein Geistführer hat immer das große Ganze im Blick.

Am Ende wird immer alles gut. Es wird nichts geschehen, was nicht gut für uns ist.

Liebe Leserin, lieber Leser, mehr darüber kannst du nachlesen bei Pascal Voggenhuber.

„Deine Geistführer sind bei dir." Dann wirst du besser verstehen, warum dein Leben so oder so verlaufen ist.

# Spiritualität

Es gibt etwas weit größeres als uns. Etwas, das dieses Universum geschaffen hat, und damit das Leben.

Wir sind in dieser Schöpfung ein wichtiger Teil, ein Teil Gottes.

Spiritualität bedeutet: in allem was ist, Gott zu sehen, zu erkennen und sich Gott hinzugeben.

Gott liebt alle Menschen bedingungslos, sogar die, die ich vielleicht nicht mag oder mit denen ich nicht übereinstimme. So werde ich motiviert, die Schönheit in ihrem Inneren zu erkennen, die Gott immer sieht.

Wenn man sich die Zeit nimmt, die Zusammenhänge im Alltag genau zu betrachten, wird man feststellen, dass die Ereignisse kaum auf „Zufall" oder „Glück" zurückzuführen sind. Dann sieht man im eigenen Leben Gottes Werk. Erst dann kann sich der Glaube in das völlige Vertrauen verwandeln, dass Gottes Versprechen wahr sind und er einen wunderbaren Plan verfolgt, der die Hoffnung auf eine Zukunft beinhaltet und so jedem Menschen ermöglicht, dem Leben mit Zuversicht und Mut zu begegnen, selbst wenn Gottes Plan verborgen scheint.

Gott ist ein mitleidender Gott, der unser Leid sieht und darauf reagiert. Er schickt uns Boten, manchmal in Menschengestalt, manchmal durch die Natur, manchmal im Traum. Er gibt uns das, was wir im Augenblick am nötigsten haben. Er gibt uns niemals auf.

Wir sind vor allem anderen Gottes Geschöpfe, immer mit ihm verbunden, mit seiner liebevollen Macht.

Gott hat uns Verantwortung gegeben – für uns selbst und für seine Schöpfung.

Er sieht, was wir uns und unserem Planeten antun, aber er richtet nicht, er versteht, denn er selbst hat uns unseren freien Willen gegeben.

*Das ist der Beginn eines neuen Tages.*
*Gott hat mir diesen Tag geschenkt,*
*damit ich ihn nach meinem Willen nutze.*
*Ich kann ihn vergeuden*
*oder mich in seinem Licht entfalten*
*und anderen Menschen Beistand leisten.*
*Aber was ich mit diesem Tag mache, ist wichtig,*
*denn ich habe dafür einen Tag meines Lebens eingetauscht.*
*Mit dem morgigen Tag wird der heutige*
*für immer vorbei sein.*
*Ich hoffe, nicht den Preis zu bereuen,*
*den ich dafür gezahlt habe.*

*Anonym*

# Leben in der geistigen Welt

Wir alle sind Mitglieder verschiedener Seelenfamilien. Einige Mitglieder dieser Familie leben auf der Erde, andere in ihrer Heimat, der geistigen Welt. Aber sie können immer, wenn sie wollen, das Leben der anderen Familienmitglieder begleiten bei ihnen sein und sie unterstützen.

Nach dem Tod meines Mannes gab es in meiner grenzenlosen Trauer sehr schnell Hilfe aus der geistigen Welt, Hilfe von meinem Mann.

Auch in der geistigen Welt haben die Verstorbenen Aufgaben (Nina Herzberg Talking to Heaven).

Mein Mann mir das in einem Jenseitskontakt bestätigt. Er sagte, dass er lernt, sich weiterbildet und Kinder in der Ukraine mental unterstützt.

# Schuldgefühle

Sie sind die stärkste Blockade der eigenen Energie und der Kommunikation mit der geistigen Welt.

Die Verstorbenen möchten, dass wir unsere Schuldgefühle loslassen. Aus der Sicht der Verstorbenen gibt es keine Schuld. Sie sehen, warum und wie etwas zustande gekommen ist, und begreifen, wofür es gut war.

Sie verzeihen sich in der geistigen Welt ihre Fehler, genau so sollten wir es in unserer Welt machen.

# Trauer

Ich persönlich glaube nicht, dass man den Verlust eines geliebten Menschen „verarbeiten" oder „überwinden" kann.

Einen Verlust betrauern, heißt, zu lernen, wie man den Schmerz in ein neues Leben, in eine neue Wirklichkeit integriert, denn der Schmerz hört niemals auf. Man muss einen Weg finden, damit um zugehen.

Es ist gar nicht der Sinn ein schmerzfreies Leben zu führen, denn Gefühle wie Schmerz, Sehnsucht und Trauer gehören zu einem Leben auf der Erde dazu. Wir sind nicht hier um nur Spaß zu haben.

Aber man kann den Schmerz als Teil des Lebens annehmen und gleichzeitig dankbar für die schönen Dinge des Lebens sein.

Es sind diese zwei Seiten einer Medaille, die beide Teil unseres Lebens sind.

Es gibt keinen Weg hinaus, nur nach vorn. (Martha Hickmann, Heilung nach Verlust)

Trauer braucht Zeit.

Wir brauchen Zeit. Um zu verstehen und zu erleben, was nach dem Tod eines geliebten Menschen mit uns geschieht, was mit unserer vorher gelebten Beziehung geschieht.

Erinnere dich an die Liebe und das Lachen deiner geliebten Person, erinnere dich daran, was sie dir gegeben und geschenkt hat. Erinnere dich an die schönen Momente und Gemeinsamkeiten, die euer Leben ausgemacht haben. Diese Form der Erinnerung wird eure gemeinsame Zukunft stärken. Ich weiß, dass es schwer ist, aber irgendwann wirst du es können und damit machst du es deinem lieben Verstorbenen viel einfacher, dir nahe zu sein.

Mein Mann hat in einem Jenseitskontakt gesagt, dass unser gemeinsames Leben weitergeht.

Dieses gemeinsame Leben ist zwischen dem Diesseits und dem Jenseits fest verankert, so sind wir immer in Liebe verbunden.

Unsere lieben Verstorbenen kennen all unsere Gedanken und Wünsche. Sie möchten, dass es uns gut geht und wir wieder Freude am Leben haben.

Sie wissen aber auch, wie wichtig Trauer ist.

Den Tod eines geliebten Menschen zu akzeptieren, hinzunehmen, dass er jetzt nur noch als Seele bei dir ist und seinen physischen Körper verlassen hat, ist seine Seelenentscheidung. Du hättest sie zu keiner Zeit beeinflussen können. Alles hat einen Sinn, nichts geschieht ohne Grund, auch wenn wir es nicht verstehen.

Unsere Lieben aus der geistigen Welt tun alles, um uns in der schweren Zeit der Trauer zu helfen. Versuche zu akzeptieren, dass alles gut ist, wie es ist, alles in der geistigen Welt hat seine Richtigkeit.

Für die Verstorbenen ist sterben und wieder in die geistige Welt zurückzugehen ein wenig wie endlich Ferien nach der harten Schule des Lebens.

Sie freuen sich, dass sie wieder nach Hause dürfen. Weil es in der geistigen Welt keine n Raum und keine Zeit gibt, vermissen sie ihre Liebsten nicht, denn sie wissen, dass sie sie schon bald wiedersehen. Und sie können ja immer bei ihnen sein.

Wenn sie auf der anderen Seite sind, verstehen sie die „Reise", die sie kurz zuvor beendet haben. Sie waren auf der Erde, um zu lernen und bestimmte Erfahrungen zu machen, die sie nur in der physischen Welt machen können. Deshalb gab es ihren Lebensplan.

Unsere lieben Verstorbenen sind immer bei uns, sie lieben uns noch immer und sie tun es bis in alle Ewigkeit.

*Trauer ist der Preis, den wir zahlen,*
*wenn wir den Mut haben, andere zu lieben.*

*Irvin D. Yacom*

Der Verlust ist ein Problem, das sich nicht lösen lässt.

Der Tod offenbart Liebe.

Man kann nicht trauern, wenn man vorher nicht geliebt hat.

Je größer die Liebe, desto größer die Trauer. Gegen die Trauer anzukämpfen, ist genauso aussichtslos, wie gegen die Liebe anzukämpfen.

Mit der Trauer leben, heißt auch, alle Gefühle zu zulassen, jeden Tag wieder neu anzufangen und einmal öfter aufzustehen, als man hinfällt.

Trauer ist keine psychische Störung, keine Krankheit, kein Zeichen von Schwäche.

Trauer ist eine emotionale, physische und spirituelle Notwendigkeit.

Sie ist der Preis, den wir für Liebe zahlen.

Das Einzige, was bei Trauer hilft, ist Trauer.

# Liebe der geistigen Welt

Die Verstorbenen versuchen durch Zeichen Kontakt aufzunehmen und uns so zu zeigen, dass sie da sind und an uns denken.

Jede Kommunikation mit einem Verstorbenen findet im Herzen statt, sie sind also nicht nur immer in unserer Nähe, sondern auch in unserem Herzen.

Sie sind mitfühlend anwesend.

Es gibt nichts Verborgenes und Trennendes mehr. Sie haben an allem Anteil und spüren, wie es uns geht. Sie sind über die Liebe mit uns verbunden und helfen uns.

Die Verstorbenen sind Teil unseres Alltags, auch wenn wir sie nicht sehen oder wahrnehmen.

Sie bleiben solange mit unserer Welt verbunden, wie jemand hier lebt, der ihnen etwas bedeutet, Sie lieben uns bedingungslos, sie sehen uns so, wie wirklich sind. Trotz aller Fehler und Schwächen lieben sie uns, ohne etwas zu erwarten.

Sie greifen niemals in unsere Entscheidungen ein, denn unser freier Wille bleibt unantastbar.

In der geistigen Welt gibt es nur noch bedingungslose Liebe.

Diese Liebe habe ich in den Jenseitskontakten ganz stark gespürt und ich spüre sie auch in meinem Leben.

*Man kann sich auf zwei Arten irren,*
*indem man glaubt, was nicht wahr ist.*
*Oder indem man sich weigert, zu glauben, was wahr ist.*

*Sören Kirkegaard*

# Der Plan

Es geschieht nichts ohne Grund, es gibt keine Zufälle.

Wir bestimmen noch in der geistigen Welt unseren Lebensplan und suchen uns unsere Lebensaufgaben aus.

Wir entwerfen unser Leben in Grundzügen, aber wir bestimmen nicht allein über unseren Lebensplan, vielmehr liegt er in Gottes Händen.

So kann man den Lebensplan auch als göttliche Führung bezeichnen, die uns lenkt und leitet.

Alle Ereignisse in unserem Leben sind somit sinnvolle „Zufälle", Bestandteile unseres Seelenplans. Das Verständnis dafür lässt uns die größeren Zusammenhänge unseres Lebens begreifen und schwierige Lebensphasen besser bewältigen, weil wir verstehen, warum manches geschieht.

Alles was uns widerfährt, sind also Umstände, die wir in der geistigen Welt gewählt haben. Jetzt müssen wir herausfinden, was sie uns zeigen sollen, was wir lernen sollen. Über allem steht der Wunsch der Seele durch alle Erfahrungen des Menschseins zu gehen. Deshalb hat auch Leid einen Sinn.

Zur Erfüllung der Lebensaufgaben bringen wir ganz bestimmte Kräfte, Fähigkeiten und Talente mit, Das Leben ist kein Kampf, sondern eine „Schule", wir lernen die eigenen Gaben des Geistes weiterzuentwickeln; Liebe, Freundlichkeit, Geduld, Freude, Güte, Treue, Sanftheit, Selbstbeherrschung, Vergebung Nächstenliebe, Selbstliebe und vieles mehr.

Manchmal kommen wir auch hierher, um jemandem zu helfen.

Da der Mensch einen freien Willen hat, ist ihm selbst überlassen, wie er sich auf seinem Lebensweg verhält. Auf unserem Weg gibt es Abzweigungen, an denen wir entweder unseren Weg beenden und zurück in die geistige Welt gehen können, oder wir werden zu einer anderen Aufgabe geführt.

Zu diesen Abzweigungen gelangen wir entweder durch bewusste Entscheidungen oder auch durch äußere Umstände.

Im Seelenplan sind immer erfreuliche und leidvolle Aspekte enthalten.

Ziel ist die Annahme aller Dinge, die uns widerfahren, deren Bewältigung und Verständnis der Sinnhaftigkeit aller Ereignisse, die unseren Lebensweg prägen.

Wir können uns mutig und voller Vertrauen dem eigenen Leben stellen, denn wir sind nicht allein. Wir haben Hilfe aus der geistigen Welt. Daran müssen wir uns immer erinnern, und daran, dass wir alle Seelen sind, die Erfahrungen in einem menschlichen Körper machen.

Die Krankheit und den Tod meines Mannes kann ich leichter annehmen, weil ich jetzt weiß, dass alles Teil seines und meines Lebensplans war.

Das, was geschehen ist, musste so geschehen, weil wir es uns gemeinsam ausgesucht haben.

Ich bin immer noch traurig, aber gleichzeitig auch getröstet. Ich kann „lächeln unter Tränen".

*Das Ziel der menschlichen Seele ist die Erfahrung von allem, damit sie alles sein kann.*

*Neale D. Walsh*

Unsere Seele hat sich vorgenommen, in einem Körper zu leben, bestimmte Dinge zu erleben und zu lernen. Nicht allein, sondern mit anderen Seelen zusammen.

Unsere Hauptthemen sind in unserem Lebensplan vorbestimmt, die Situationen dazu schaffen wir mit unserem freien Willen, der uns von Gott gegeben ist.

Alles, was einem Menschen in seinem Leben widerfährt, jede Herausforderung, jeder Schicksalsschlag, jeder angebliche Verlust ist von der Seele festgelegt worden, bevor sie inkarniert, also in einen menschlichen Körper geht.

Alles dient einzig und allein dem Zweck, sich zu erfahren und spirituell zu wachsen. Wir sollen liebende Menschen sein. Wir alle verfügen über ein großes Potential an Wärme, Mut und Offenheit, und Liebe. All das in uns zu wecken und zu bewahren ist der Plan für unser irdisches Leben. (Jana Haas, Der Seelenplan)

Wenn wir inkarnieren, vergisst die Seele ihren himmlischen Ursprung. Dieses Vergessen ist wichtig, damit sich die Seele ganz auf die neue Gegenwart konzentrieren kann, und nicht von ihrer Vergangenheit und Zukunft abgelenkt wird.

Die Seele will alle Gefühle erleben, denn in der geistigen Welt gibt es nur Liebe.

Deshalb gibt es immer schöne und leidvolle Erfahrungen, die uns innerlich wachsen lassen.

Schwere Schicksalsschläge geschehen also nie zufällig. Sie bringen unserer Seele tiefe Heilung. (Robert Schwartz, Jede Seele plant ihren Weg)

Wenn wir wissen, dass alles Geschehen eine tiefe Bedeutung, einen tiefen Sinn hat, wird es leichter, zu akzeptieren. In Liebe auf das Leben zu reagieren, in Liebe zu agieren, und dankbar für die Erfahrungen zu sein, die unsere Seele größer machen und heilen.

Der Tod des physischen Körpers ist eine Entscheidung, die die Seele trifft, nachdem sie ihren Lebensplan erfüllt hat. Sie weiß immer drei Tage vorher, wann sie zurück in die geistige Welt geht. Alle Schicksalsschläge und Leidenserfahrungen sind Geschenke, es sind Gelegenheiten, die einem gegeben werden, um daran seelisch zu wachsen. Das ist der einzige Grund unserer Existenz auf Erden.

*Begreifen wir das Leben als Herausforderung,*
*als Prüfungsstätte um unsere inneren Stärken*
*und Fähigkeiten zu erproben.*

*(Elisabeth Kübler Ross,*
*Über den Tod und das Leben danach)*

Aber begreifen wir das Leben auch als Spiel, indem wir eine Rolle spielen, die uns Freude macht, in dem wir die Erfahrung der Illusion machen. Wir leben unser Leben in einer Konstruktion der Illusionen, und nur so ist es möglich, dass wir alle Schöpfer unserer eigenen Realität sein können. (Neale Donald Walsch, Die Essenz)

Immer, wenn es uns gut geht, sind wir mit unserem Lebensplan im Einklang. Wenn wir uns nicht wohlfühlen in unserem Leben, kann es sein, dass wir unseren vorbestimmten Weg verlassen haben.

Schicksalsschläge gehören zu unserem Plan, das Wissen darum hilft uns, besser damit umzugehen.

Meine Jenseitskontakte und mein Aura Reading haben mir bewiesen, dass das stimmt.

Ich durfte erfahren: da, wo Freude ist, ist auch immer Antwort und Lösung.

Der Tod meines Mannes hat mein Leben, mein Denken, mein Fühlen und mein Wissen verändert.

Die geistige Welt hat mir einen Richtungswechsel angeboten, ich hätte ihn mit meinem freien Willen ablehnen können. Ich habe es nicht getan. Ich habe mich innerlich verändert, ich habe gelernt und neues Wissen bekommen. Ich weiß jetzt, dass alles aus Liebe geschehen ist.

Ich kann akzeptieren.

Durch den Tod meines Mannes habe ich erfahren, dass die Seele unsterblich ist.

Seinen Tod sehe ich als ein Geschenk aus Liebe. Das Leben ist erträglicher mit dem Wissen, dass alles nach einem vorbestimmten Plan verläuft.

# Zeichen

Gerade eben habe ich wieder ein Zeichen meines Mannes bekommen, es ist ein Dompfaff mit dem leuchtend roten Bauch und dem tiefschwarzen Köpfchen, er war gerade am Futterhäuschen.

Das war übrigens das erste Zeichen, das ich bewusst wahrgenommen habe, mit dem Gefühl, das es wirklich ein Zeichen ist. Mein Mann hat das in unserem ersten Jenseitskontakt bestätigt. Seitdem weiß ich, wie ich seine Zeichen erkenne. Es sind ganz oft Naturzeichen, aber auch Autos, die er früher gefahren hat und Kennzeichen mit den Anfangsbuchstaben seines Namens. Mein Mann nutzt meine Erfahrungen, damit ich die Zeichen erkenne. Er kennt all meine Wahrnehmungsmöglichkeiten und er nutzt sie über seine Energie. Das Schicken und Empfangen der Zeichen ist also auch Teamarbeit, so wie es unser Leben war. So kann ich zum Beispiel einen starken Impuls bekommen, sein Bild anzusehen. Mit den Zeichen will mein Mann mir zeigen, dass er da ist und an mich denkt. So ist das bei allen unseren lieben Verstorbenen, sie schicken die Zeichen immer und immer wieder, bis wir sie endlich erkennen.

Zeichen sind etwas wunderbares, ich bin immer zu Tränen gerührt, weil er mir damit seine Liebe zeigt.

# Buchempfehlungen

Bernard Jacoby
Das Leben danach
Rowohlt Taschenbuchverlag

Bernard Jacoby
Trost und Hilfe aus dem Jenseits
Rowohlt Taschenbuchverlag

Nina Herzberg
Talking to Heaven
Echnaton Verlag

Pascal Voggenhuber
Botschaften der unsichtbaren Welt
Wilhelm Heyne Verlag

Pascal Voggenhuber
Nachrichten aus dem Jenseits 2.0
Giger Verlag

Axel Burkart
Hauptsache Liebe
Verlag Zukunft Mensch

Leila Eleisa Ayach
Seelenverträge
Heyne Verlag

Jana Haas
Der Seelenplan
Wilhelm Goldmann Verlag

Jana Haas
Jenseitige Welten
Knaur Taschenbuch Verlag

Robert Schwartz
Mutige Seelen
Wilhelm Heyne Verlag

Robert Schwartz
Jede Seele plant ihren Weg

Claire Avalon
Was ihr sät, das erntet ihr
Silberschnur Verlag

Elisabeth Kübler Ross
Über den Tod und das Leben danach
Silberschnur Verlag

Neile Donald Walsch
Die Essenz
Goldmann Verlag

Mary C. Neal
7 Botschaften des Himmels
Ullstein Taschenbuchverlag

Mary C. Neal
Einmal Himmel und zurück
Ullstein Taschenbuchverlag

Iris Paxino
Brücken zwischen Leben und Tod
Verlag Freies Geistesleben

Rudolf Steiner
Das Leben nach dem Tod
Archiati Verlag

Susan Froitzheim
Das 1x1 der Unsterblichkeit
Ninoy Spirit

Susan Froitzheim
Das grosse lxl der Jenseitskontakte
Ninoy Spirit

EIN HERZ FÜR AUTOREN A HEART FOR AUTHORS À L'ÉCOUTE DES AUTEURS MIA KAPΔI
HJÄRTA FÖR FÖRFATTARE UN CORAZÓN POR LOS AUTORES YAZARLARIMIZA GÖNÜL V
CUORE PER AUTORI ET HJERTE FOR FORFATTERE EEN HART VOOR SCHRIJVERS TEMC
PRZÓINKÉRT SERCE DLA AUTORÓW EIN HERZ FÜR AUTOREN A HEART FOR AUTHOR
CORAÇÃO BCEЙ ДУШОЙ К АВТОРАМ ETT HJÄRTA FÖR FÖRFATTARE Á LA ESCUCHA DE
AUTEURS MIA KAPΔIA ΓΙΑ ΣΥΓΓΡΑΦΕΙΣ UN CUORE PER AUTORI ET HJERTE FOR FORFAT
YAZARLARIMIZA GÖNÜL VE PRZÓINKÉRT SERCE DLA AUTORÓW EI
VOOR SCHRIJVERS TEMOS OM CORAÇÃO BCEЙ ДУШОЙ К АВТОРАМ ETT

# Die Autorin

Die Autorin wurde in Ostwestfalen geboren.

Sie studierte Gesang an der Hochschule für Musik
und Theater in Hannover. Eine verschleppte Grippe mit einer nachfolgenden Herzmuskelentzündung zwangen sie das Studium zu beenden. Nach
einem Jahr krankheitsbedingter Pause machte sie
eine Ausbildung zur Erzieherin.

Sie war 41 Jahre glücklich verheiratet, und hat
zwei Kinder.

Nachdem ihr Mann nach langer Krankheit gestorben war, beschäftigte sie sich intensiv mit dem
Leben nach dem Tod, dem Kontakt mit Verstorbenen und dem Einfluss der geistigen Welt auf das
Leben der Menschen.

Mit ihrem Buch möchte sie ihr Wissen weitergeben und anderen Menschen in ihrer Trauer helfen.

Die Erfahrungen, die sie machen durfte, auch
wenn sie in einer extremen Lebenssituation
begannen, haben ihr Leben verändert. Trotz oder
gerade wegen der Trauer kann sie sich wieder auf
das Leben einlassen.